원서 **2** 판

자폐 및 발달지연
아동을 위한
사회적 의사소통 중재

Teaching Social Communication to
Children with Autism and
Other Developmental Delays Second Edition

부모를 위한
ImPACT
프로젝트 매뉴얼

〔부모를 사회적 의사소통
중재자로 성장시키기〕

원서 **2**판

자폐 및 발달지연 아동을 위한
사회적 의사소통 중재

Teaching Social Communication to
Children with Autism and
Other Developmental Delays Second Edition

부모를 위한
ImPACT
프로젝트 매뉴얼

[부모를 사회적 의사소통
중재자로 성장시키기]

Brooke Ingersoll · Anna Dvortcsak 공저

최숲 · 한효정 공역

학지사

역자 서문

　자폐 스펙트럼 장애(ASD) 및 발달지연을 가진 아이의 상호작용 능력을 향상시키기는 것은 늘 풀기 어려운 숙제입니다. 오랜 시간 동안 연구자와 임상가 그리고 부모는 그 숙제를 풀기 위해 많은 애를 써 왔고 지금도 여전히 애를 쓰고 있습니다. 그리하여 근거기반 연구들을 통해 부모가 중재자가 되는 것이 자폐 스펙트럼 장애 및 발달지연을 가진 아이의 사회적 의사소통 능력을 향상시키는 데 도움이 된다는 것을 알게 되었습니다. 부모는 식사시간, 등하교 시간, 놀이 시간, 잠자는 시간 등 매일의 활동 속에서 아이들의 의사소통 파트너가 되어 줍니다. 그렇기 때문에 전문가는 아이의 의사소통 능력을 향상시키는 역할을 할 수 있도록 부모 교육을 실시합니다.

　그러나 자폐 스펙트럼 장애 및 발달지연을 가진 아이에게 어떤 방법으로 상호작용해 주어야 하는지 전문가의 도움 없이 부모 스스로 찾아가는 것은 어려운 일입니다. 아이를 가장 잘 아는 사람은 치료사가 아니라 부모이며, 일상을 살아가면서 매 순간 상호작용을 해야 하는 이도 부모입니다. 어떤 상황에서 어떤 중재 방법을 선택하든지, 중요한 것은 부모의 역할입니다. 하지만 중재하는 방법이 너무나도 많아 어떤 중재 방법을 선택해야 하는지 혼란스러운 부모도 있습니다. 중재 방법은 알게 되었지만 실생활에서 어떻게 적용해야 하는지 쉽게 떠오르지 않아 곤란해하는 부모도 있습니다. 여러 가지 중재 방법을 어떤 순서로 적용해야 하는지 잘 판단하지 못하는 부모도 있습니다. 상호작용의 질을 향상시키기 위해 부모가 어떤 행동 반응을 해야 하는지 선택하기 어려워하는 부모도 있습니다. 이러한 부모에게 체계적이고 구체적인 행동의 지침이 필요합니다.

　이 책은 부모를 사회적 의사소통 중재자로 성장시키기 위한 내용으로 구성되어 있습니다. 아이의 발달단계를 확인하고 더 나은 기능을 습득하도록 목표를 세우며, 그 목표를 위해 부모가 어떻게 접근해야 하는지 구체적으로 설명하고 있습니다. 또한 무발화 아이부터 언어사용이 가능한 아이에게까지 어떤 중재 방법을 사용할 수 있는지를 배울 수 있으며, 각 중재 방법을 배운 후에는 가정에서 바로 실천할 수 있도록 실천계획표와 활동의 예시가 제시되어 있습니다. 때때로 우리를 당황하게 하는 아이의 문제 행동을 이해하고 긍정적인 행동으로 바꾸는 방법에 대해서도 배울 수 있습니다. 오랫동안 임상 현장에서 실제로 적용한 사례들을 체계적으로 정리하였기에, 부모가 일상생활에서 아이와 질 좋은 상호 작용을 하는 데 참고할 만한 지침서로 알맞다고 여겨집니다. 자폐 스펙트럼 장애 및 발달 지연을 가진 아이의 부모에게 좋은 자료로 활용되기를 바라는 마음에서 번역을 시작하였 습니다.

부족한 번역 솜씨로 의미가 잘못 전달될까 염려가 되지만 부끄러운 마음으로 이 책을 내놓습니다. 자폐 스펙트럼 장애 아동이 보이는 일탈적인 특성을 이해하면서 어떻게 사회 적 의사소통 기술을 성장시켜 줄 수 있을지 고민하는 부모님, 부모교육의 중요성을 알고 있지만 어떻게 조언해 주어야 할지 고민하는 임상가에게 조금이나마 도움이 되는 자료가 될 수 있기를 바랍니다. 번역을 가능하게 해 주신 학지사 김진환 사장님과 인내하며 꼼꼼 하게 편집을 도와주신 편집부 선생님들에게도 감사의 마음을 전합니다.

이 매뉴얼에 대해

이 매뉴얼은 상호작용과 의사소통에 어려움이 있는 어린아이들을 양육하는 부모님을 위한 것이다. 사회적 의사소통 발달이 지연되었거나 위험성을 보이는 아이들 그리고 ASD 아동 모두를 포함한다. 이 매뉴얼은 ImPACT 부모 프로그램의 일부로 사용되도록 구성되어 있는데, ImPACT는 부모를 사회적 의사소통 중재자로 성장시키기(Improving Parents As Communication Teachers)를 의미한다. 이 프로그램은 육아 기술이 아니라 아이의 사회적 의사소통 기능을 발달시키기 위한 특별한 기법을 가르친다. 이 기법들은 그동안 연구한 결과물로 아이들의 사회적 의사소통 기능을 증진시키는 데 효과적이라고 증명된 '근거기반(evidence-based)' 기법들이다. 많은 전문가는 사회적 의사소통이 지연된 아이들에게 이 기법들을 사용하고 있으며, 아이들을 위해 부모도 동일한 기법을 배울 수 있다는 것을 보여 주고 있다.

당신이 만약 코치(coach)와 함께 이 프로젝트를 수행할 수 있다면 최고의 기법을 배울 수 있을 것이다. 그러나 그렇지 않더라도 이 매뉴얼은 도움이 될 수 있다. 당신이 코치와 함께 하지 않는다면 가족, 친구 혹은 아이를 알고 있는 다른 서비스 제공자에게 이 매뉴얼에 대해 설명해 줄 것을 제안한다. 만약 당신이 코치와 함께 그룹이나 개별적으로 ImPACT 프로젝트에 참여한다면, 코치의 도움을 받아 아이에게 이 기법들을 사용하도록 연습할 수 있다. 당신의 코치는 아이에게 알맞은 목표를 세우는 데 도움을 주고, 당신이 무엇을 해야 할지 알려 줄 것이다. 그리고 각각의 기법을 연습할 수 있도록 기회를 제공해 줄 것이다. 어떤 기법들이 아이와 당신에게 가장 좋을지 함께 결정할 것이다. 또한 가정에서 아이와 연습할 시간을 함께 계획해 줄 것이다.

사회적 의사소통이 지연된 많은 아이는 의사소통에 문제가 있기 때문에 화를 내거나 공격성과 같은 문제 행동을 보인다. 사회적 의사소통 기술이 나아짐에 따라 그들의 문제 행동도 개선될 것이다. 그러나 심각한 문제 행동을 가진 아이들의 부모는 아이들의 문제 행동을 다루기 위한 추가적인 전략이 필요하다. 그래서 우리는 이 매뉴얼의 마지막에 **아이의 문제 행동 다루기(Manage Your Child's Challenging Behavior)**라는 장을 추가하였다. 이 장은 긍정적인 행동 지원 전략이 기술되어 있다. 당신의 코치는 당신과 아이가 이 전략을 배우는 것이 도움이 될지 결정하도록 도와줄 것이다.

이 매뉴얼은 『자폐아동에게 사회적 의사소통 가르치기(Teaching Social Communication to Children with Autism)』의 두 번째 판이다. 이 책에서는 더 많은 아이에게 좀 더 친근하고 적절하게 사용될 수 있도록 매뉴얼을 개정하였다. 이번 판에서는 부모가 아이를 중재할 때 사용한 중재 기법의 예를 비디오로 볼 수 있도록 웹사이트를 만들었다. 덧붙여 이 매뉴얼에 포함된 모든 체크리스트, 실천 계획 그리고 다른 양식들을 전자문서로 다운로드할 수 있다(www.guilford.com/ingersoll-parents).

비록 우리가 '부모'라는 용어를 사용하지만, 이 프로그램은 가족 구성원과 법정후견인을 포함하여, 사회적 의사소통에 지연이 있는 어린아이들을 돌보는 모든 이를 위해 만들어진 것이다.

차례

양식 목록

제1장
시작하기

제1장 시작하기

상호작용 형성하기

- 새로운 기능 가르치기
- 새로운 의사소통 기회 만들기
- 아이에게 집중하기
- 의사소통 방법 조절하기

ImPACT는 아이의 사회적 의사소통 발달에 긍정적인 영향을 준다.

ImPACT의 프로젝트 개관

아이가 배워야 할 기능
- 사회적 참여
- 의사소통
- 모방
- 놀이

목표 세우기

ImPACT F.A.C.T.S. 프로젝트
- 아이에게 집중하기
- 의사소통 방법 조절하기
- 새로운 의사소통 기회 만들기
- 새로운 기능 가르치기
- 상호작용 형성하기

성공을 위한 준비
- 연습할 시간 만들기
- 필요한 사항을 코치에게 이야기하기
- 주변 사람들로부터 도움 받기
- 어려운 일은 미리 계획하기
- 가족의 성취를 인지하기

성공을 위한 가정환경 만들기
- 예측할 수 있도록 루틴(routines) 만들기
- 매일 연습할 활동 정하기
- 놀이 시간 만들기
- 놀이 공간 준비하기
- 집중하는 데 방해되는 것들을 제한하기
- 장난감과 자료들을 교대로 사용하기

ImPACT 프로젝트의 개관

어떤 아이들은 사회적 상호작용과 사회적 의사소통에 어려움을 겪는데, 이들이 경험하는 사회적 의사소통의 어려움은 다음과 같다.

- 눈맞춤, 타인과의 상호작용, 감정과 활동을 나누는 것에서의 어려움
- 제스처, 말(speak), 지시 따르기를 학습하는 데서의 어려움
- 타인을 모방하거나 장난감을 이용한 상상 놀이의 어려움
- 소리(sound), 낱말, 행동을 특이하게 반복하는 경향

이러한 어려움들은 당신이 부모로서 아이에게 어떤 일을 해 주지 않아서 혹은 해서 생겨난 것이 아니다. 당신은 이 프로그램을 통해 특별한 교육 전략을 배우고 사용함으로써 아이의 사회적 의사소통 기술을 개발하는 데 도움을 줄 수 있을 것이다. ImPACT 프로젝트는 '부모를 의사소통 선생님으로 성장시키는 것(Improving Parents As Communication Teachers)'을 의미한다.

이 프로그램이 가족에게 주는 이점

당신이 이 프로그램의 전략들을 배우고 사용한다면, 매일의 일상 활동 속에서 아이를 가르칠 수 있다. 이 프로그램이 가족에게 주는 이점은 다음과 같다.

- 가정에서 이 전략을 사용하게 되면 아이에게 더 많은 배움과 연습의 기회를 줌으로써 아이가 가진 사회적 의사소통 기술과 여러 가지 문제 행동을 개선시킬 것이다.
- 아이는 식사 시간, 목욕하는 시간, 잠자는 시간 그리고 놀이 시간과 같은 의미 있는 활동을 하는 동안 배울 수 있다. 또한 아이이게 가장 중요한 장소뿐 아니라 새로운 상황에서도 이러한 기능을 사용할 수 있도록 도움을 줄 것이며, 시간이 지나더라도 기능을 유지하도록 도움을 줄 것이다.
- 이 전략은 아이를 양육하는 당신에게 자신감을 주고 아이가 좀 더 즐겁게 상호작용할 수 있도록 도와줄 것이다. ImPACT와 같은 프로그램에 참여한 부모는 양육 스트레스를 덜 받고 아이와 상호작용하는 것에 긍정적이라고 보고하고 있다.
- 이 전략을 한번 배우면, 당신은 아이의 삶에 중요한 다른 이들—조부모님과 형제들을 포함하여—을 가르칠 수 있고 그들도 역시 아이를 도울 수 있다.

아이가 배워야 할 기능

이 프로그램은 네 가지 영역에서 아이가 기능을 습득할 수 있도록 도움을 줄 것이다. 그것은 바로 학습의 핵심 구성 요소인 사회적 참여(social engagement), 의사소통(communication), 모방(imitation), 놀이(play)이다.

사회적 참여

사회적 상호작용과 참여는 사회적 의사소통 기술 발달의 기초이다. 아이들은 얼굴을 마주 보며 하는 사회적 게임(face-to-face social game)을 하는 동안 눈을 맞추고 얼굴 표정을 교환하며 타인과 어울리기 시작한다. 아이들은 성장하면서 놀이 및 여러 가지 활동을 낱말, 제스처, 눈맞춤을 이용해 흥미와 주의(attention)를 타인과 공유하기 시작한다. 이것을 공동주의(joint attention)이라고 부른다.

　아이가 이러한 방법으로 사람들과 상호작용하는 데 어려움이 있게 되면 이들은 타인으로부터 배울 수 있는 기회를 갖지 못하게 된다. 사회적 참여를 정립하는 것이 이 프로그램의 시작점이다. 아이가 당신과 함께 하는 활동에 참여하게 되면, 아이는 당신으로부터 배울 수 있다.

의사소통

의사소통은 아이가 얼굴 표정, 제스처, 소리, 낱말 그리고 문장을 어떻게 이해하고 사용하는가이다. 구어(verbal language)가 발달하기 전에 아이들은 눈맞춤, 발성, 제스처—손 뻗기(reaching), 보여 주기, 주기, 가리키기—와 같은 비언어적 행동(nonverbal behaviors)을 사용하여 의사소통한다. 아이들은 요구하기, 좋아하지 않은 것에 대해 말하기(저항하기), 주의 끌기, 보고 있는 것 말하기(언급하기), 정보 나누기, 지시 따르기를 포함하여 다양한 이유로 의사소통한다.

　자신의 의지대로 효율적으로 의사소통하지 못하는 아이들은 자신의 필요를 표현하는 데 어려움이 있으며, 필요한 것을 얻기 위해 문제 행동을 보일 수 있다. 이 프로그램은 아이의 현재 기술을 바탕으로 제스처, 낱말 혹은 문장을 사용하여 더 나은 의사소통을 할 수 있도록 가르쳐 줄 것이다. 또한 자발적인 의사소통을 정립하는데 초점을 둠으로써 아이가 자신의 의지대로 의사소통할 수 있도록 도와주며 아이가 당신을 더 잘 이해하고 당신의 지시에 따를 수 있도록 도와줄 것이다.

모방

모방—타인이 하는 것을 따라 하는 것—은 발달에 중요하다. 아이들은 모방을 사용하여 새로운 장난감을 가지고 노는 방법, 새로운 과제를 수행하는 방법, 새로운 낱말을 사용하는 방법과 그들의 흥미를 타인에게 전달하는 의사소통 방법과 같은 새로운 기술들을 배운다. 아이들은 보통 자신들이 할 수 있는 친숙한 행동을 모방하는 것부터 시작한다. 아이들은 성장하면서 새로운 행동을 모방하기 시작하고, 다른 아이들과 상호작용하기 위해 노는 동안 서로를 모방한다(back-and-forth imitation).

모방에 어려움이 있으면 상호작용하고 새로운 기술을 학습하는 것은 더욱 힘들어진다. 이 프로그램은 친숙한 일정(routines)과 놀이 활동 동안에 아이가 당신을 모방하도록 도와주고, 사회적 모방의 본질인 서로 모방하기(the back-and-forth)를 하도록 격려한다.

놀이

놀이는 장난감과 기타 사물로 재미있게 서로 상호작용하는 것을 포함한다. 놀이를 통해 아이들은 발달하고 새로운 사회적 기술과 언어를 연습하기 때문에 놀이 기술은 중요하다. 놀이는 또한 문제 해결 기술, 상상력, 조망적(perspective-taking) 기술, 운동(motor) 기술을 배울 수 있도록 도와준다. 아이들은 놀면서 서로 상호작용하기 때문에 놀이 기술의 발달은 또래 상호작용에서 중요하다. 상징 놀이(pretend play)와 언어는 상징적 사고(symbolic thinking) 혹은 한 가지 사물이 다른 것을 대신할 수 있다는 것을 이해하는 능력을 포함한다. 그래서 상징 놀이를 독려하는 것은 언어 기술의 기초를 탄탄하게 해 주는 것과 같다.

어떤 아이들은 장난감이 갖는 고유한 놀이 방식(traditional way)으로 놀지 않는다. 그들은 장난감에 흥미가 없으며, 특이하거나 반복적인 방법으로 놀이를 한다. 이 프로그램은 아이가 좀 더 유연하고, 창조적이며, 복잡한 방법으로 놀 수 있는 방법을 보여 준다.

목표 세우기

목표를 세우는 것은 중요하다. 목표를 설정하면 현재 아동의 모습에서 앞으로 되기 원하는 모습으로 어떻게 도달할 것인지 아는 데 도움이 되며 또한 아이의 진전 과정을 알 수 있도록 해 준다. 당신은 각 영역에서 아이의 현재 기술을 확인하는 것에서 시작해야 한다.

당신과 당신의 코치는 사회적 의사소통 체크리스트(Social Communication Checklist; 이 체크리스트의 부모용은 이 장 마지막에 있는 첫 번째 양식이다)를 각자 완성하게 된다. 이 양식은 네 가지 영역에서 아이의 현재 능력을 확인하도록 구성되어 있으며, 체크리스트에 기술된 능력은 대부분의 아이들이 배우는 순서대로 기술되어 있다. 당신은 체크리스트를 통해 아이의 현 단계와 다음 단계를 알게 될 것이다. 당신은 아이의 현 발달 단계를 더 잘 이해하고, 아이가 성장함에 따라 무엇을 기대할 수 있을지 정보를 얻기 위해 사회성, 의사소통, 모방 그리고 놀이 발달 차트를 사용할 수 있다(〈표 1-1〉~〈표 1-4〉 참조).

아이를 위한 목표를 세울 때 고려해야 할 몇 가지가 있다.

- 한 번에 할 수 있는 몇 가지 기술만 선택하기. 아이가 도전해야 할 핵심 영역에서 한두 가지 목표를 세울 것을 조언한다.
- 목표는 당신과 당신의 아이에게 의미 있고 중요한 목표여야 한다.
- 당신이 선택한 목표는 아이가 이 프로그램의 시간표 내에서 도달할 수 있는 것이어야 한다. 적절한 사회적 의사소통 목표는 아이가 현재 스스로 할 수 있는 기술보다 한 단계 앞선 것이다. 일반적으로 한 단계 앞선 기술은 사회적 의사소통 체크리스트에서 아이가 '때때로 그러나 일관적이지 않게' 할 수 있다고 기술된 것이다. 아이가 새로운 기술을 배우게 되면 항상 새로운 목표를 추가할 수 있다.

당신의 코치는 장기적이고 일반적인 목표를 세우고, 그 목표들을 보다 더 구체적이고 측정 가능하도록 전환하는 데 도움을 줄 것이다. 당신은 아이의 목표 양식(Child Goals form)에서 선택한 목표를 확인할 수 있다(이 장의 마지막에 있는 두 번째 양식이다).

〈표 1-1〉 사회적 발달 차트

사회적 단계	설명
반응적 참여 (Responsive engagement)	• 대면 놀이(face-to-face play)에서 당신을 바라보고 미소 짓기 • 당신과 놀이 지속하기 • 당신이 아이에게 미소 지을 때 아이도 미소 짓기
상호적 참여 (Reciprocal engagement)	• 대면 놀이를 유지하며 눈맞춤, 미소 짓기, 발성 사용하기 • 소리를 만들고 당신과 소리 주고받기(back and forth)
공동주의 하기 (Coordinated joint attention)	• 사물을 바라보고 당신에게 돌아와 활동을 함께 나누기 • 장난감을 가지고 노는 동안 당신과 함께 놀이에 참여하기 위해 눈맞춤, 미소 짓기, 발성 사용하기
공동주의에 반응하기 (Response to joint attention)	• 당신이 물건을 지적하거나 바라볼 때 반응하기 • 차례 요구에 반응하기
공동주의 개시하기 (Initiation of joint attention)	• 공유하기 위해 주기, 가리키기, 보여 주기 • 장난감이나 다른 물건 주고받기를 시작하기

〈표 1-2〉 의사소통 발달 차트

의사소통 단계	설명
전의도적 단계 (Preintentional communication)	• 울기, 쿠잉 하기, 미소 짓기, 뚜렷한 이유 없이 잡기 • 눈맞춤 하기 • 옹알이하고 발성하기
구어 전 단계 (Preverbal communication)	• 가리키거나 손을 뻗으면서 사물이나 음식 요구하기 • 방어하기 위해 제스처나 발성으로 표현하기 • 공유하기 위해 주거나 보여 주기 • 옹알이가 점점 단어처럼 되어 감
첫 낱말 (First words)	• 요구, 저항, 이름 붙이기, 언급하기, 주의를 얻기 위해 자발적으로 한 낱말 사용하기 • 간단한 지시 따르기 • 만날 때와 헤어질 때 인사하기 • 언어 모방하기
낱말 조합 (Word combination)	• 여러 가지 이유로 두 낱말을 함께 사용하기 • 날마다 새로운 낱말을 학습하고 많은 낱말을 사용하기 • 낱말을 결합할 때 명사, 동사, 수식어를 사용하기 • 무엇, 어디 질문에 반응하기 • '저게 뭐야?' 질문하기 • 명명되는 사물, 몸의 부분, 친숙한 사람들, 그림 가리키기 • 간단한 지시 따르기
문장 (Sentences)	• 다양한 구와 문장 사용하기 • 의사소통을 위한 복수형, 전치사, 다양한 동사형과 대명사 사용하기 • 과거와 미래 사건에 대해 이야기하기 • "저게 뭐야?" "네 차는 어디 있어?" 혹은 "왜 케이크를 안 줘?"와 같이 정보를 얻기 위해 질문하기 • 감정을 표현하는 언어 사용하기 • '어떻게, 왜, 언제' 질문을 포함한 대부분 질문에 답하기 • 2단계 지시 따르기 • 주고받는(back-and-forth) 대화 시작하기
복잡한 문장 (Complex language)	• 여러 가지 다른 상황에서 다양한 문장 사용하기 • 구어적 · 비구어적 언어를 함께 사용하기 • 간단한 이야기 말하기 • 추상적인 언어 이해하기 • 여러 단계 지시 따르기

ImPACT F.A.C.T.S. 프로젝트

〈표 1-3〉 모방발달 차트

모방 단계	설명
상호모방 (Mutual imitation)	• 당신이 아이를 모방할 때 아이가 미소 짓고 당신에게 더 관심을 갖는다. • 친숙한 발성과 간단한 움직임을 모방하기
즉각적 모방 (Immediate imitation)	• 당신이 아이 행동을 모방할 때 아이는 당신이 계속 자신을 모방하는지 보려고 자신의 행동을 바꾸기 • 아이가 당신이 손뼉치고 흔들고 가리킬 때 모방하기 • 사물이나 장난감을 가지고 하는 친숙하거나 새로운 활동을 모방하기
지연모방 (Delayed imitation)	• 연속적인 두 가지 이상의 동작을 즉시 그리고 시간이 지난 후 모방하기 • 당신이 아이에게 보여 주지 않더라도 당신이 의도하는 것을 모방하기
상호교환적 모방 (Reciprocal imitation)	• 교대로 모방을 하고 오랫동안 당신을 모방하기

〈표 1-4〉 놀이발달 차트

놀이 단계	설명
탐험 놀이 (Exploratory play)	• 장난감이나 사물을 만지고, 입에 물고, 눈으로 보고, 두드리고, 떨어뜨리면서 탐험하기 • 새로운 장난감에 흥미를 보이기
조합 놀이 (Combination play)	• 장난감과 사물을 조립하기 • 장난감 쌓기 • 물건을 정리함에 넣기
인과 놀이 (Cause-and-effect play)	• 팝업 장난감(pop-up)으로 놀기 • 버튼을 누르거나 손잡이를 돌리는 장난감으로 활동하기
기능적 놀이 (Functional play)	• 의도를 가지고 미니어처 장난감을 사용하기(자동차 밀기, 전화를 귀에 대기) • 직접적으로 자신에게 놀이하기(먹는 척하기, 자는 척하기) • 당신에게 놀이를 한 다음 인형에게도 하기(엄마에게 먹여 주기, 아기인형을 침대에 눕히기)
상징 놀이 (Pretend play)	• 한 가지 사물을 다른 것인 것처럼 놀이하기(블록이 자동차인 것처럼 놀기) • 사물에 없는 특성 부여하기(장난감 스토브가 뜨거워요) • 캐릭터가 살아 있는 것처럼 하고 (인형이 걷도록) 팬터마임 하기[차(tea)를 따름] • 몇 가지 상징 놀이를 연결하여 이야기를 만들기

극적인 놀이 (Dramatic play)	• 동물, 소방관, 영웅과 같은 어떤 존재가 되는 척하기 • 또래와 함께 이야기를 하거나 사건을 연출하면서 놀이하기 • 놀이가 좀 더 협력적으로 되기

당신은 매일매일 일상생활에서 아이와 상호작용할 때 ImPACT 전략을 사용함으로써 아이가 목표에 도달할 수 있도록 도울 수 있다. 다음은 당신이 사용할 수 있는 다섯 가지 전략이다. **아이에게 집중하기**(Focus on Your Child), **의사소통 방법 조절하기**(Adjust Your Communication), **새로운 의사소통 기회 만들기**(Create Opportunities), **새로운 기능 가르치기**(Teach New Skills), 그리고 **상호작용 형성하기**(Shape the Interaction). 우리는 이것을 ImPACT F.A.C.T.S.라고 부른다. 각각의 전략에서 당신은 아이를 돕기 위해 사용할 수 있는 한 가지 혹은 그 이상의 기술을 배울 것이다. F.A.C.T.S. 피라미드는—15페이지에서 보았듯이—기억하는 데 도움이 되도록 프로그램 전체에 제시될 것이다.

첫 번째, 당신은 **아이에게 집중하기**와 **의사소통 방법 조절하기** 전략을 배울 것이다. 이 전략은 아이가 당신과 관계를 맺고 함께 활동에 참여하도록 도와주며, 아이와 상호작용하는 내내 사용될 수 있다. 아이들은 자발적으로 참여할 때 가장 잘 배우기 때문에 이 전략은 중요하다. 이 전략을 사용할 때는 아이가 활동을 선택하도록 하고, 아이와 얼굴을 마주 보며, 제스처를 크게 하고, 간단한 언어를 사용하면서 활동에 참여하도록 한다. 그리고 아이의 반응을 기다리고 관찰한다. 아이가 당신이 하는 것을 관찰하거나 모방하는 것처럼 당신도 아이의 활동, 눈맞춤, 제스처, 언어, 감정을 포함한 모든 상황에 맞게 반응해 준다. 이러한 활동을 통해 아이는 자신의 행동이 의미가 있고, 당신으로부터 반응을 얻을 수 있다는 것을 배우게 된다.

다음 도표(sequence graphic)는 이러한 전략을 사용하여 목욕을 하는 동안 엄마가 Sarah와 함께 어떻게 활동하는지 보여 주는 예이다. Sarah는 컵에 물을 부으며 욕조에서 놀고 있다. 엄마는 Sarah와 얼굴을 마주 보고 물을 붓는 Sarah의 행동을 모방하면서 **아이에게 집중하기**를 연습한다. 또한 엄마와 Sarah가 하는 행동에 대해 간단한 언어를 사용하면서 자신의 **의사소통 방법 조절하기**를 연습한다. 매 순간 엄마는 Sarah가 어떻게 반응할지 기다린다. Sarah는 엄마를 바라보는 것으로 반응하고, 엄마는 Sarah를 계속 모방하고 간단한 언어를 사용한다.

다음으로, 당신은 **새로운 의사소통 기회 만들기**를 배울 것이다. 이 전략은 당신의 아이가 **시작하도록(initiate)** 도와준다. 즉, 아이 스스로 의사소통 혹은 놀이를 시작하는 것이다. 시작은 매우 중요하다. 왜냐하면 시작하는 것이 어려운 아이들은 성장할수록 경험을 통해 학습하는 데 어려움이 있기 때문이다. 만약 아이가 스스로 시작하지 않거나 주의를 기울이지 않는다면 **새로운 의사소통 기회 만들기** 전략이 아이가 시작할 수 있도록 도움을 줄 것이다. 이 전략을 사용하면 당신은 아이에게 계속 집중하게 되고 당신의 의사소통 방법을 조절하게 된다. 당신은 아이가 원하는 것을 당신에게 보여 주거나 말하도록 기회를 만든 후 기다린다. 당신은 순차적으로 아이의 행동에 반응하고 아이가 말하는 것 혹은 행동하는 것을 확장한다.

욕실에서 컵으로 물을 부으며 놀고 있는 Sarah에게 돌아가 보자. Sarah의 엄마는 **아이에게 집중하기**와 **의사소통 방법 조절하기** 전략을 계속 사용하고 있다. 그리고 엄마는 컵을 주고받으면서 **새로운 의사소통 기회 만들기** 전략을 연습한다. 이러한 전략은 Sarah가 자발적으로 의사소통을 시작하도록 격려한다. Sarah의 반응은 컵을 향해 손을 뻗는 것이다[개시(initiation)]. 엄마는 Sarah에게 컵을 주는 것으로 반응하고, Sarah가 손을 뻗어 가리키고 '컵'이라고 말하도록 확장해 준다. 이러한 과정을 다음 도표로 나타냈다.

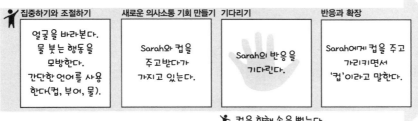

Sarah가 컵을 향해 손을 뻗는 행동은 엄마가 원하는 의사소통 방법이 아닐 수 있다. 엄마는 낱말 사용이나 가리키기를 선호할 수 있으나, Sarah가 컵을 잡으려고 손을 뻗는 것은 ImPACT의 주요한 목표 중 하나인 개시라고 할 수 있다. 엄마는 Sarah에게 컵을 주면서 아이에게 반응해 주고,

'컵'이라고 말함으로써 좀 더 복잡한 의사소통 방법을 보여 줄 수 있다.

다음으로, 당신은 **새로운 기능 가르치기** 전략을 배울 것이다. 이 전략은 **촉진**(prompts)과 **보상**(rewards)을 사용하여 아이가 새롭고 좀 더 복잡한 방법으로 의사소통하고, 모방하고, 놀 수 있도록 도와준다. 새로운 기술을 가르칠 때, 당신은 아이에게 집중하기, 의사소통 방법 조절하기, 새로운 의사소통 기회 만들기, 아이의 반응 기다리기 전략을 지속적으로 사용할 수 있다. 그러나 지금은 아이의 행동에 반응해 주기보다 아이가 구체적이고 새로운 기능을 사용하도록 도와주고, 그 새로운 기능을 사용할 때 보상해 주어야 한다.

이러한 과정을 다음 도표로 나타냈다. 엄마는 Sarah가 새롭고 좀 더 복잡한 방법으로 의사소통하는 것을 배울 수 있도록 **새로운 기능 가르치기**를 사용한다. 처음 세 단계는 개시를 촉진하는 것과 동일하다. 차이점은 Sarah가 컵을 향해 손을 뻗어도 엄마가 즉각적으로 Sarah에게 컵을 주지 않는다는 것이다. 대신에 엄마는 Sarah가 좀 더 복잡한 기능을 사용하도록 촉진한다. 즉, 가리키기이다. 그리고 엄마는 기다린다. Sarah가 반응하지 않으면 엄마는 좀 더 지지하는 촉진을 하고 Sarah의 손을 이끌어 컵을 가리키도록 한다. 이것은 사라가 가리키기를 사용하는 것으로 간주된다. 엄마는 Sarah에게 컵을 주는 것으로 보상하고 '컵'이라고 말함으로써 Sarah의 반응을 확장한다. 개시하도록 격려하는 것과 새로운 기능을 가르치는 것의 차이는 아이의 행동에 언제 반응하고 보상을 주어야 하는지에 있다.

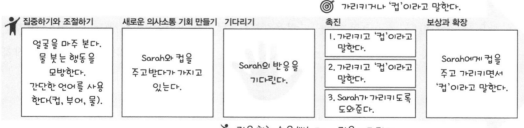

새로운 기능을 사용하는 것은 아이에게 도전을 줄 것이다. 그것은 좋은 일이다. 그러나 너무 자주 사용하면 아이가 좌절감을 느낄 수 있다. 그러므로 **아이에게 집중하기**와 **의사소통 조절하기 전략**보다 **새로운 기능 가르치기** 전략은 조금 덜 사용하는 것이 좋다.

이 프로그램의 마지막에 당신은 F.A.C.T.S. 피라미드를 오르내리며 아이가 어떻게 반응하는지에 따라 **상호작용 형성하기** 전략을 배울 것이다. 당신은 아이가 계속 참여할 수 있도록 즐겁고 재미있는 전략과 아이에게 새로운 기능을 가르치고 좀 더 지지하는 전략을 번갈아 사용하게 될 것이다.

성공을 위한 준비

이것은 부모 코칭 프로그램이기 때문에 당신 자신이 성공을 위해 준비되는 것이 중요하다. 다음은 ImPACT 프로젝트를 성공적으로 실행하기 위한 몇 가지 제안이다.

◎ 연습할 시간 만들기

새로운 기능을 배우는 것은 시간과 연습이 필요하다. 만약 매일 아이와 이 전략을 연습할 시간을 따로 조금만 마련한다면 성공을 위한 최고의 기회가 될 것이다. 그리고 결국 그 시간이 당신 일상의 부분이 될 것이다.

- 적어도 매일 15~20분의 시간을 추천한다. 하루 중 짧은 시간 동안 연습하는 것이 더 쉽다. 당신의 코치는 언제 그리고 어디서 연습해야 할지 알 수 있도록 조언해 줄 것이다.
- 이 전략을 배우는 동안 당신은 해야 할 다른 일들을 줄이고 싶을 것이다. 당신이 전략을 배우고 연습하는 데 시간을 할애할 수 있도록 필요한 지원에 대해 코치에게 이야기하자.

◎ 필요한 사항을 코치에게 이야기하기

?
당신에게 가장 좋은 학습 방법은 무엇인가?

어떤 부모들은 읽으면서, 어떤 부모들은 듣거나 토론하면서, 어떤 부모들은 관찰하면서 가장 잘 배운다. 당신이 가장 잘 배울 수 있는 방법을 코치에게 알려 준다. 처음에는 확신이 없어도 괜찮다. 이 프로그램을 진행하면서 어떤 방법이 당신에게 효과적인지 명백해질 것이다.

- 이 프로그램의 몇 가지 전략은 다른 전략들에 비해 당신에게 특별한 것이 아닌 당연한 것으로 느껴질 수 있다. 그것 역시 괜찮다. 당신에게 쉽게 느껴지는 것과 어렵게 느껴지는 것을 코치에게 이야기한다. 코치는 연습을 통해 당신이 좀 더 자신감을 얻도록 도와줄 것이다.

> **!**
> 당신은 아이에 대해 가장 잘 알고 있다. 만약 당신이 배우고 있는 전략이 아이나 당신에게 적절하지 않다고 느끼면 코치에게 말하도록 한다.

- 당신은 코치를 만난 후에 질문들을 생각할 수 있다. 다음 만남에서 궁금한 점, 성공한 내용, 도전할 점을 코치와 나눌 수 있다.

주변사람들로부터 도움 받기

이 프로그램을 진행하는 동안 부모를 지지하는 팀이 있다는 것은 부모에게 많은 도움이 된다. 팀은 가족, 친구, 혹은 다른 서비스 제공자 등 이 프로그램을 성공적으로 만드는 데 도움을 줄 수 있는 누구나 포함될 수 있다.

- 가족과 친구들에게 도움을 요청하자. 예를 들어, 당신이 아이와 프로그램을 진행하고 있을 때 그들이 다른 자녀를 돌봐 줄 수 있다. 또는 당신이 회기에 참여할 수 있도록 해야 할 다른 일들을 도와줄 수 있다.

> **?**
> 이 프로그램을 수행하는 동안 당신은 누구에게 도움을 요청할 수 있는가?

- 당신의 가족과 친구를 어떻게 프로그램에 참여시킬 것인지 코치에게 이야기할 수 있다. 또한 당신이 배운 전략을 가족과 공유할 수 있다.
- 이 프로그램의 내용을 다른 서비스 제공자에게 이야기한다. 그래야 그들 역시 당신이 배운 전략을 지지할 수 있다.
- 만약 당신이 코치와 함께 활동하지 않는다면, 이 프로그램을 수행할 수 있도록 다른 사람들에게 도움을 청한다.

어려운 일은 미리 계획하기

만약 당신이 어려운 일을 미리 계획한다면, 문제가 생겼을 때 좀 더 쉽게 해결할 수 있을 것이다.

- 이 프로그램을 수행하는 데 방해되는 일은 미리 생각하자. 예를 들면, 이동 수단, 스케줄 조절의 어려움, 형제자매를 돌봐 줄 사람 찾기, 시간 맞추기, 가족을 프로그램에 참여시키기 같은 일이다.

> **?**
> 이 프로그램을 완성하는 데 어려운 점은 무엇인가?

- 당면하게 될 문제들을 코치에게 이야기하자. 그러면 가능한 해결 방안이 생길 것이다

가족의 성취를 인정하기

프로그램을 수행하는 동안 당신은 갈피를 못 잡거나 지칠 수 있다. 우리는 모두 때때로 이런 감정을 느낀다! 당신 자신을 너무 힘들게 하지 말자.

- 아주 작은 일일지라도 아이가 매일 하고 있는 좋은 수행을 기록한다. 이러한 성취는 당신의 아이가 날마다 진전하고 있다는 것을 상기시켜 줄 수 있다.

- 당신 자신의 성취를 인정한다. 당신이 아이에게 날마다 할 수 있는 모든 일을 기억하자. 그리고 아이와 상호작용할 수 있는 새로운 방법을 학습할 수 있다고 스스로에게 믿음을 주도록 하자.

성공을 위한 가정환경 만들기

당신은 놀이 시간, 식사 시간, 옷 입는 시간 또는 목욕 시간과 같은 시간에 매일 아이와 상호작용하면서 프로젝트 ImPACT 전략을 사용할 수 있다. 일상생활에서 조금 시간을 내면 큰 변화를 만들지 않아도 아이가 학습할 수 있는 기회를 많이 만들어 줄 수 있다. 아이가 의미 있는 활동을 하는 하루 동안 기능을 사용할 수 있는 기회를 많이 갖는다면, 아이는 새로운 환경에서도 그 기능을 사용하고자 할 것이다. 이것을 **일반화(generalization)**라고 부른다. 가정에서 몇 가지 작은 변화를 만들어 냄으로써 당신은 매일의 일상생활 속에서 성공적으로 이러한 전략을 학습하고 사용할 수 있다.

⬤ 예측할 수 있는 루틴(routines) 만들기

많은 어린아이는 무슨 일이 일어날지 예측할 수 있을 때 좀 더 편안함을 느낀다. 당신은 하루의 일과를 예상할 수 있도록 루틴화함으로써 아이가 다음에 무슨 일이 생길지 알도록 도와줄 수 있다. 이러한 루틴화는 좌절감을 줄여 주고, 당신과 좀 더 쉽게 상호작용할 수 있게 해 주며, 문제 행동을 감소시키는 데 도움을 줄 수 있다.

- 가능한 일정하게 당신의 루틴을 수행하도록 한다. 예를 들어 취침 시간에는 잠옷을 입고, 아이의 잠자리를 도와주고, 책을 읽어 준다.
- 같은 시간에 중요한 루틴을 만들도록 노력하자. 이러한 루틴은 일어나기, 음식 먹기, 낮잠 자기, 목욕하기, 취침하기를 포함한다.

> ❗ 어떤 아이들은 특정 루틴에 어려움을 겪는다. 만약 아이가 루틴 활동에 어려움이 있다면 이 전략을 사용하지 않는다. 당신과 코치는 제8장—**아이의 문제 행동 다루기**—으로 넘어가 진행할 것인지 여부를 결정할 수 있다.

- 가능한 한 매일 루틴을 반복한다. 그리고 아이가 그 루틴에 익숙해지도록 하자. 특히 아이가 즐기지 않는 루틴에 있어서 예측 가능성은 매우 중요하다.
- 당신과의 놀이에 익숙해지도록 놀이 시간을 예측 가능하도록 한다. 예를 들어, 점심식사 후

에, 아이가 낮잠에서 깨어났을 때, 하교 후에, 혹은 저녁식사 후에 항상 놀이를 하자.

?

당신의 아이를 가르치기 위한 최선의 활동이 무엇이라고 생각하는가?

매일 연습할 활동 정하기

전략을 사용하기 위한 최고의 루틴은 아동에게 친숙하고, 의미 있으며, 당신이 수행할 수 있는 것이다.

- 매일의 활동 스케줄(이 장 마지막에 나와 있는 세 번째 양식)을 사용하자. 코치가 연습할 수 있는 최선의 루틴을 정해 줄 것이다. 일어났을 때부터 잘 때까지 일상적인 활동의 목록을 정리하는 것에서 시작할 수 있다.

- 가르치기에 좋은 루틴은 당신과 아이가 자주 하는 것 그리고 아이가 잘 알고 있는 것이다.

- 아이가 즐기는 루틴에 대해 생각하자. 만약 아이가 루틴을 좋아하지 않는다면 이 전략을 사용하는 데 어려움이 있을 것이다

- 아이에게 가르치는 루틴 활동을 5~10분 정도 늘리도록 노력한다. 그리고 아이에게 반드시 집중해야 한다. 서둘러야 하고 아이에게 집중할 수 없는 루틴 활동은 선택하지 않는다.

- 매일의 루틴 활동에서 아이를 가르치다 보면 몇 가지 전략이 특정 루틴에서 효과가 크다는 것을 알 수 있게 될 것이다. 주어진 루틴에서 어떤 전략을 사용하는 것이 가장 효과적인지 미리 생각하자. 예를 들어, 당신이 처음 배우게 될 전략은 아동이 주도하는 활동(놀이와 같은)과 아이가 즐기는 루틴(목욕 시간, 독서 시간, 간식 시간)에서 가장 효과적일 수 있다.

- 당신은 한 가지 루틴에서 몇 가지 기법을 사용할 수 있으며, 다른 루틴에서는 다른 기법을 사용할 수 있다. 당신이 시도하는 모든 루틴에서 모든 기법을 사용할 수 없더라도 괜찮다. 이 지침서는 매일 다른 루틴에서 각각의 중재 기술을 어떻게 사용하는지 제안하는 것이다. 각각의 기법들이 소개된 '가정에서 해보기' 표를 꼭 읽어 보자.

!

하루 동안 아이와 상호작용하는 데 어느 정도 시간을 보냈는지 인지하자. 이 프로그램의 목표는 아이와 상호작용할 때 사용할 전략을 당신에게 가르쳐 주는 것이다.

놀이 시간 만들기

아이들에게 매우 중요한 루틴은 놀이 시간이다. 아이들은 놀이를 하면서 사회적 의사소통 기술을 배운다. 그러므로 매일 아이와 놀이 시간을 만드는 것은 매우 중요하다.

- 적어도 15~20분은 매일 아이와 함께 하는 놀이 시간을 계획하자. 이 시간 동안 당신은 온전히 아이에게 집중하고 방해를 받지 않기 위해 노력해야 한다. 놀이 시간은 바쁜 가족들에게

걸림돌처럼 느껴질 수 있다. 만약 너무 길다고 느껴지면 짧게, 짧게 시간을 나누어 놀이를 시작하자.

> ❗ 아이가 좋아하고 당신하고만 놀 수 있는 특별한 장난감을 정한다. 특별한 장난감은 아이에게 동기를 부여하고 놀이 시간을 좀 더 흥미롭게 해 줄 것이다.

◉ 놀이 공간 준비하기

규칙적으로 아이와 놀 수 있는 공간을 선택하자. 이것은 놀이 시간에 무엇을 해야 할지 기대할 수 있도록 도와준다. 당신과 아이가 더 가까워질수록 상호작용은 더 쉬워진다. 만약 놀이 시간에 아이가 당신과 가까이 있는 것을 어려워한다면, 더 가까워질 수 있도록 좀 더 작고 은밀한 공간을 준비한다. 놀이가 쉬워질수록, 당신은 좀 더 넓은 공간으로 놀이 장소를 옮길 수 있다.

- 놀이 시간으로 사용할 수 있는 방이나 특별한 공간을 준비한다.
- 좀 더 작은 공간을 만들기 위해 가구를 재배치하자. 어떤 가족들은 다음과 같은 방법으로 놀이를 위한 공간을 준비한다.

> ❓ 집에서 아이와 놀 수 있는 공간은 어디인가?

  - 테이블이나 의자를 방구석으로 옮기기
  - 욕조를 사용하기
  - 큰 벽장 사용하기
  - 시트를 치거나 큰 방을 나누기
  - 큰 담요나 시트를 테이블에 올려서 텐트 만들기
  - 쿠션으로 요새 만들기
- 당신이 선택하는 공간은 아이와 집에 따라 다르다. 그곳은 영구적인 공간일 수도 있고(작은 방 혹은 가구를 옮긴 곳), 당신이 사용하려고 만든 임시적인 공간일 수도 있다(텐트 만들기).
- 중재 기술을 처음 배울 때 더 작은 공간을 만드는 것은 특별히 도움이 된다
- 놀이를 하면서 아이가 당신 가까이 머무를 수 있는 능력에 따라 놀이 공간을 재배치한다.

◉ 집중하는 데 방해되는 것들을 제한하기

가장 흥미 있는 놀이를 할 때 아이는 당신에게 집중하기 쉬울 것이다.

- 큰 소리, 강한 냄새, 시야를 방해하는 것, 그리고 가능한 다른 감각들을 제한하자.
- 놀이 시간에는 TV, 태블릿, 전화, 비디오 게임, 컴퓨터와 같은 전자제품을 끈다. 만약 필요하다면 이러한 물건들은 옮겨 놓거나 시트나 담요로 덮어 두자.
- 필요 없는 장난감과 같은 방해되는 물건들, 어수선한 것들을 치운다.

- 아이가 당신과 놀이에 참여할 수 있도록 한 번에 한두 가지 정도 장난감을 가져온다. 장난감 개수는 아이의 흥미와 주의집중에 달려 있다.

? 아이를 혼란스럽게 하거나 놀이를 어렵게 하는 소리, 보이는 것, 물건은 무엇인가?

🌀 장난감과 자료들을 교대로 사용하기

많은 아이는 장난감과 놀잇감에 흥미를 갖다가 몇 주 후면 흥미를 잃는다. 흥미를 유지하는 한 가지 방법은 장난감을 교대로 사용하는 것이다. 교대로 사용하면 몇 주 동안은 아이에게 유용한 장난감이 될 것이다.

- 몇 개의 세트로 장난감을 분리한다. 각 세트는 아이가 정말 좋아하는 장난감과 덜 좋아하는 장난감으로 구성되어 있어야 한다.
- 유용한 한 세트를 선택하자. 그리고 다른 장난감은 옷장, 창고, 지하 혹은 쓰레기통에 치운다.
- 아이가 흥미를 잃은 장난감 세트는 치우고 다른 세트를 가져온다.
- 2~3주 동안 장난감을 교대해서 가지고 노는 것은 많은 도움이 된다. 그러나 얼마나 자주 교대할 것인지는 아이의 흥미에 달려 있다.

? 아이의 장난감 중 어떤 장난감을 교대로 사용할 장난감 세트에 포함할 것인가?

! 학교나 도서관에서 '장난감 교환'을 하는 곳이 있으므로 당신은 몇 주 동안 어디에서 장난감을 교환할 수 있는지 확인할 수 있다. 또한 아이를 양육하고 있는 이웃, 친구와 교환할 수 있다.

이 장의 마지막에 있는 양식은 **가정에서 준비하기**를 도와주기 위한 실천계획표이다. 당신의 코치는 실천계획표의 윗부분을 완성하도록 도와주고, 가정에서 실행한 후에 아래 부분을 어떻게 완성할 것인지 보여 줄 것이다.

사회적 의사소통 체크리스트(부모 버전)

아이: _____   부모: _____   날짜: _____

아이의 현재 사회적 의사소통 기술을 더 잘 이해하고 사회적 참여, 의사소통, 사회적 모방과 놀이 영역에서 적절한 목표를 선택할 수 있도록 사회적 의사소통 체크리스트를 작성한다. 표에 있는 리스트는 일반적으로 어린아이들이 발달하는 순서대로 나열된 것이다.

이 양식은 아이가 도움 없이 스스로 할 수 있는지에 기반을 두고 작성한다.

- 각각의 기술을 아이가 사용할 수 있는지 표기하라[**일반적으로**(당시 적어도 75% 수행함), 때때로 그러나 일관적이지 않음, 거의 하지 않음 또는 아직 나타나지 않음].
- 32~36번 문항에서 만약 아이가 이 기술을 **일반적으로** 혹은 **가끔** 사용한다면 아이가 **좀 더 자주** 사용하는 전략 유형을 기술한다(비구어 전략 혹은 구어 사용).
- 아이가 후기에 발달하는 기능을 사용하기 때문에 더 이상 발달 초기에 나타나는 기능을 사용하지 않는다면(예: 옹알이를 사용했으나 지금은 낱말을 사용한다), 발달 초기 기능에는 **일반적으로** 사용한다고 체크한다.

기술	일반적으로 사용함 (당시 적어도 75% 수행함)	때때로 사용함 그러나 일관적이지 않음	거의 사용하지 않거나 아직 나타나지 않음
사회적 참여			
1. 아이가 얼굴을 마주 보고 당신과 상호작용하나요?			
2. 아이가 당신이나 다른 가족 가까이 있는 것을 선호하나요?			
3. 아이가 간단한 사회적 게임을 적어도 세 번 정도 주고받나요? (예: 까꿍 놀이, 잡기 놀이, 짝짜꿍 놀이)			
4. 아이가 적어도 5분 이상 당신과 사회적 게임에 활발하게 참여하나요?			
5. 아이가 적어도 10분 이상 당신과 사회적 게임에 활발하게 참여하나요?			
6. 아이가 적어도 당신과 함께 2분 이상 활발하게 장난감 놀이에 참여하나요?			
7. 아이가 적어도 당신과 함께 5분 이상 활발하게 장난감 놀이에 참여하나요?			
8. 아이가 적어도 당신과 함께 10분 이상 활발하게 장난감 놀이에 참여하나요?			
9. 아이가 놀이를 주도하거나 당신이 놀이를 멈추었을 때 놀이를 지속하기 위해 시도하나요?(예: 눈맞춤 하기, 미소 짓기, 발성하기, 만지기)			

기술	일반적으로 사용함 (당시 적어도 75% 수행함)	때때로 사용함 그러나 일관적이지 않음	거의 사용하지 않거나 아직 나타나지 않음
10. 아이가 물건이나 사람에게 집중하도록 시도하였을 때(당신이 가리킬 때, 말할 때 또는 시선을 옮길 때) 반응하나요?			
11. 당신과 상호작용하거나 의사소통 시 눈맞춤을 하나요?			
12. 아이는 당신과 활동을 시작하거나 함께 노나요?(예: 엄마에게 장난감 가져다주기, 엄마와 함께 놀거리 찾기)			
13. 아이는 당신과 주고받기를 하나요?			
14. 자신에게 흥미 있는 물건을 당신에게 보여 주거나 가리키기를 하나요?			
15. 사람들과 만나거나 헤어질 때 인사를 하나요?			
의사소통 사용하기-형식(표현 언어)			
16. 아이는 옹알이나 말소리 같은 소리를 산출하나요?			
17. 아이는 물건이나 행동을 요구하기 위해서 제스처를 사용하나요?(예: 당신을 물건으로 유도하기, 가리키기, 신호 보내기)			
18. 두 가지를 제시하였을 때 손 뻗기나 눈 응시, 소리 혹은 낱말 말하기 등의 방법을 사용하여 확실하게 선택할 수 있나요?			
19. 아이는 당신의 말소리나 언어를 모방하나요?			
20. 아이는 자발적으로 한 낱말을 사용하나요?			
21. 아이는 물건의 이름을 명명하나요?			
22. 아이는 활동을 명명하나요?			
23. 아이는 낱말을 간단한 구로 조합하나요?(예: 차 간다, 기차 밀어)			
24. 아이는 물건을 설명하기 위해 낱말을 사용하나요?(예: 크고 빨간 공, 작은 초록색 공)			
25. 아이는 대명사를 적절하게 사용하나요?			
26. 다양한 문법형태소를 사용하나요?(예: ~하고 있다, 했다)			
27. 의사소통하기 위해 일관적으로 문장을 사용하나요?			
28. 자신에 대한 간단한 질문에 대답하나요?(예: 이름이 뭐야? 몇 살이야?)			
29. 원하는 것, 필요한 것 또는 환경에 대한 간단한 질문에 대답하나요?(예: 원하는 게 뭐야? 이게 뭐야? 어디야?) 만약 할 수 있다면 질문 유형에 체크하세요. □ 무엇　□ 어디			
30. 아이가 누구, 왜, 어떻게 질문에 대답하나요?(예: 누가 운전하니? 왜 슬퍼?) 만약 할 수 있다면 질문 유형에 체크하세요. □ 누구　□ 왜　□ 어떻게			

기술	일반적으로 사용함 (당시 적어도 75% 수행함)	때때로 사용함 그러나 일관적이지 않음	거의 사용하지 않거나 아직 나타나지 않음
의사소통 사용하기-기능(표현 언어)			
31. 아이는 당신에게 의도를 가지고 말처럼 들리는 소리나 옹알이를 사용하나요?(예: 의사소통하기 위해)			
32. 아이는 물건이나 활동을 요구하기 위해 제스처, 눈맞춤, 얼굴 표정, 소리 또는 언어를 사용하나요? 이러한 기술을 일반적으로 혹은 가끔 사용한다면 물건이나 활동을 요구하기 위해 아이가 좀 더 자주 사용하는 전략을 표기해 주세요. □ 비언어적 전략(제스처, 눈맞춤, 얼굴 표정 또는 소리) □ 구어(낱말 혹은 문장)			
33. 아이는 어떤 것을 원하지 않거나 거부할 때 제스처, 눈맞춤, 얼굴 표정, 소리 혹은 언어를 사용하나요? 만약 아이가 이러한 기술을 일반적으로 혹은 가끔 사용한다면 물건이나 활동을 요구하기 위해 아이가 좀 더 자주 사용하는 전략을 표기해 주세요. □ 비언어적 전략(제스처, 눈맞춤, 얼굴 표정 혹은 소리) □ 구어(낱말 혹은 문장)			
34. 아이는 도움을 요청하기 위해 제스처, 눈맞춤, 얼굴 표정, 소리 또는 언어를 사용하나요? 만약 아이가 이러한 기술을 일반적으로 혹은 가끔 사용한다면 물건이나 활동을 요구하기 위해 좀 더 자주 사용하는 전략을 표기해 주세요. □ 비언어적 전략(제스처, 눈맞춤, 얼굴 표정, 소리) □ 구어(낱말 혹은 문장)			
35. 아이는 정보를 공유하기 위해 제스처, 눈맞춤, 얼굴 표정, 소리 또는 언어를 사용하나요? (예: 가리키면서 "나는 비행기를 보고 있어요."라고 말하기) 만약 아이가 이러한 기술을 일반적으로 혹은 가끔 사용한다면 물건이나 활동을 요구하기 위해 좀 더 자주 사용하는 전략을 표기해 주세요. □ 비언어적 전략(제스처, 눈맞춤, 얼굴 표정, 소리) □ 구어(낱말 혹은 문장)			
36. 당신의 주의를 끌기 위해 제스처, 눈맞춤, 얼굴 표정, 소리 또는 언어를 사용하나요?(예: "엄마, 이리 와요.") 만약 아이가 이러한 기술을 일반적으로 혹은 가끔 사용한다면 물건이나 활동을 요구하기 위해 좀 더 자주 사용하는 전략을 표기해 주세요. □ 비언어적 전략(제스처, 눈맞춤, 얼굴 표정, 소리) □ 구어(낱말 혹은 문장)			

기술	일반적으로 사용함 (당시 적어도 75% 수행함)	때때로 사용함 그러나 일관적이지 않음	거의 사용하지 않거나 아직 나타나지 않음
37. 어떤 감정을 느끼는지 낱말로 표현할 수 있나요?(예: "아파요." "화나요." "행복해요.")			
38. 무엇을 하는지 낱말로 표현할 수 있나요?(예: "아기에게 먹여." "차를 밀어.")			
39. 이미 발생한 일들에 대해 이야기할 수 있나요?(예: 학교에서 일어난 일 이야기하기)			
40. 간단한 이야기를 할 수 있나요?			
41. 정보를 얻기 위한 질문을 하나요?(예: "저게 뭐에요?" "강아지는 어디 있어요?")			
42. '누구' '왜' '어떻게' 질문을 하나요?			
43. 어른이 시작한 대화에서 아이가 세 번 연속 대화를 주고받나요?			
44. 어른이 시작한 대화에 아이가 세 번 이상 연속 대화를 주고받나요?			
45. 다른 이들과 대화를 시작하나요?			
의사소통 이해하기(수용 언어)			
46. 이름을 불렀을 때 일관되게 보나요?			
47. 사람의 이름을 들었을 때 그 사람을 보거나 사진 속의 그 사람을 보나요?			
48. 금지어에 반응하여 하던 행동을 멈출 수 있나요?(예: "안 돼." "멈춰.")			
49. 신체 이름을 듣고 지적할 수 있나요?			
50. 놀이 상황, 옷 입기 혹은 식사 루틴에서 한 단계 지시에 적절하게 반응하나요?(예: "컵 가져와.")			
51. 놀이 상황, 옷 입기 혹은 식사 루틴에서 한 단계 이상 지시에 적절하게 반응하나요?(예: "컵 가져와서 테이블 위에 올려.")			
52. 방 안에 있지만 바로 앞에 있지 않은 물건을 찾아서 가져올 수 있나요?			
53. 놀이를 끝내고 장난감을 치울 수 있나요?			
모방			
54. 얼굴 표정이나 움직임을 모방할 수 있나요?(예: 혀 내밀기)			
55. 노래나 알려진 루틴 내에서 행동이나 몸 움직임을 모방하나요? (예: 친숙한 동요에 맞추어 율동하기)			
56. 관습적인 제스처를 모방하나요?(예: 바이바이 손 흔들기, 뽀뽀하는 흉내 내기, 박수치기)			

기술	일반적으로 사용함 (당시 적어도 75% 수행함)	때때로 사용함 그러나 일관적이지 않음	거의 사용하지 않거나 아직 나타나지 않음
57. 당신이 하는 것을 보고 친숙한 놀이 활동(스스로 할 수 있는 활동)을 모방하나요?			
58. 당신이 하는 것을 보고 새로운 놀이 활동(스스로 할 수 없는 활동)을 모방하나요?			
59. 놀이를 하면서 당신과 오랫동안 모방 활동을 주고받나요?			
놀이			
60. 장난감을 탐색하나요?(예: 만지기, 입으로 물기, 냄새 맡기, 보기)			
61. 물건을 조합하나요?(예: 블록 쌓기, 박스 안에 물건 넣기, 세우기, 끼우기, 특정 방법으로 장난감에 질서 부여하기)			
62. 원인−결과 장난감을 사용하나요?(예: 작동 장난감, 팝업 장난감)			
63. 의도를 가지고 장난감을 사용하나요?(예: 공 던지기, 자동차 밀기)			
64. 자신에게 친숙한 상징 놀이를 하나요?(예: 먹는 척, 자는 척, 장난감 전화기에 말하는 척)			
65. 다른 사람이나 인형에게 친숙한 상징 놀이를 하나요?(예: 부모나 아기 인형에게 먹이는 척하기, 인형에게 옷 입히기, 인형 재우기)			
66. 사물을 다른 사물인 것처럼 사용할 수 있나요?(예: 블록이 차인 것처럼 놀기, 블록을 쌓아서 빌딩인 것처럼 놀기). 사물에 맞는 적절한 특성을 적용할 수 있나요?(예: 장난감 음식이 뜨겁거나 맛있는 것처럼 놀기) 혹은 의인화할 수 있나요?(예: 피규어가 걷는 것처럼, 인형 입에 컵을 대주기보다는 인형이 컵을 잡는 것처럼 놀기)			
67. 몇 가지 상징 행동을 연결하거나 장난감을 가지고 이야기를 확장할 수 있나요?(예: 인형을 차에 태워서 차를 밀어서 가게로 가기)			
68. 가상의 역할을 할 수 있나요?(예: 의사인 척, 소방관인 척, 엄마/아빠인 척하기)			
69. 적어도 한 사람 이상과 함께 가상의 역할 놀이를 하면서 이야기를 확장할 수 있나요?(예: 아이는 의사, 부모는 환자 역할하기, 아이는 엄마, 형제는 아기 역할하기)			
70. 확장된 놀이를 하면서 놀이를 주도하는 것과 다른 사람의 생각을 따르는 놀이로 전환하는 것이 가능한가요?			

아동의 목표

네 가지 영역에서 당신과 코치가 선택한 목표를 기록한다.

사회적 참여

의사소통

모방

놀이

매일 하는 활동 스케줄

아동: _____   부모: _____   날짜: _____

아이와 함께 정기적으로 하는 활동과 루틴을 기록한다. 만약 기록하지 않은 활동들이 있다면, 이 양식 마지막에 추가할 수 있다. 각각 활동에 대해 간단하게 기록하자. 얼마나 자주 아이와 하는지, 얼마나 많은 시간을 추가할 수 있는지 기술할 수 있다. 마지막으로 아이가 그 루틴을 즐기는지(Enjoy), 참는지(Tolerates), 또는 저항(Resist)하는지 기술한다. 이것은 아이를 중재할 때 두 가지 혹은 세 가지 활동을 선택하도록 도와준다.

활동	기술	얼마나 자주 하는가?	추가해야 할 시간은?	아이의 반응
아침				
일어나기				
옷 입기				
아침식사 하기				
다른 활동				
오후				
놀이 시간				
점심 먹기				
낮잠 자기				
다른 활동				

활동	기술	얼마나 자주 하는가?	추가해야 할 시간은?	아이의 반응
저녁				
저녁 먹기				
놀이 시간				
목욕 시간				
이야기 시간				
잠자는 시간				
다른 활동				
추가적인 루틴				

실천계획표
성공을 위한 가정환경 만들기

날짜:

계획하기

놀이 시간 만들기:

놀이 공간 만들기:

방해 되는 것 제한하기:

장난감과 자료를 교대로 사용하기:

예상되는 어려운 점은 무엇인가요?

해결 방법:

되돌아보기

잘된 점은 무엇인가요?

힘든 점은 무엇인가요?

해결 방법:

제2장
아이에게 집중하기

제2장 아이에게 집중하기

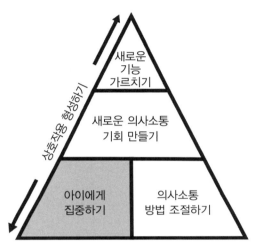

아이가 당신과 놀 수 있도록 도와주고 참여와 학습을 위한 기초를 세우자.

아이의 주도 따르기

- 아이와 얼굴을 마주 보기
- 아이가 활동을 주도하게 하기
- 아이의 놀이에 참여하기
- 질문과 지시 피하기
- 민감하기 그러나 지속하기
- 한계 정하기
- 아이의 반응을 기다리고 관찰하기
- 아이의 모든 행동에 반응하기

아이 모방하기

- 아이의 제스처, 얼굴 표정, 몸의 움직임을 모방하기
- 아이의 발성을 모방하기
- 장난감과 물건을 가지고 노는 아이의 놀이를 모방하기
- 오직 긍정적인 행동만 모방하기

아이에게 집중하기는 ImPACT F. A. C. T. S. 프로젝트의 F이다. 이것은 아이와 상호작용을 하기 위한 시작점이며, 함께 즐길 수 있는 기회를 제공한다. 또한 아이가 참여하고 배울 수 있는 준비를 하도록 해 준다. 당신이 사용할 수 있는 **아이에게 집중하기** 기법은 두 가지이다. 바로 **아동의 주도 따르기**와 **아이 모방하기**이다. 이 두 기법은 아이를 놀이에 참여하게 하고 함께 노는 시간을 늘릴 수 있도록 도와준다. 당신이 사용하는 기법은 활동에 따라 달라질 수 있다.

이 프로그램 내내—앞의 도표에서 보여 주듯이—항상 당신은 아이에게 집중하고 아이의 반응을 기다리는 방식으로 상호작용을 시작할 것이다. 이 지점에서 아이는 어떤 방법으로든 반응할 수 있다. 반응은 눈맞춤, 감정 나누기, 당신의 행동을 관찰하거나 모방하기, 손 뻗기·밀기·가리키기와 같은 제스처 사용하기, 소리 내기 또는 언어로 표현하기를 포함한다. 당신은 아이의 활동에 대해 순차적으로 반응하면 된다. 이것은 아이에게 자신의 행동이 의미가 있고 당신으로부터 응답을 받을 수 있다는 것을 가르쳐 줄 것이다.

아이의 주도 따르기

아이의 주도 따르기는 아이의 행동과 생각을 따르는 것을 포함한다. 아이들은 스스로 활동을 선택할 때 다른 이들과 상호작용하고 더 잘 놀 수 있다. 먼저 시작하고 자기가 원하는 것을 할 때 아이들은 덜 좌절하는 경향이 있다. 아이가 흥미 있는 것을 당신에게 보여 줄 때, 아이는 재미를 느끼고 더 오랫동안 당신과 놀 것이다. 아이의 주도를 따르는 것은 아이가 배울 수 있도록 도와준다. 아이의 주도를 따르고 어떻게 반응하는지 관찰하면 당신은 아이가 어떻게 의사소통하는지 그리고 왜 의사소통하는지 알게 될 것이다. 당신은 **아이의 주도 따르기** 기법을 상호작용을 이끌어 내는 모든 활동에서 사용할 수 있다. 놀이 시간, 공원으로 소풍 가기, 동네에서 걷기, 목욕 시간, 그리고 만약 아이가 즐긴다면 지하철에서도 아이의 주도 따르기 기법을 사용할 수 있다. 당신이 **아이의 주도 따르기**를 사용할 때 다음의 능력을 진전시킬 수 있다.

- 놀이에 참여하는 능력
- 함께 놀이하는 시간의 길이
- 아이의 개시 능력

이제 **아이의 주도 따르기** 핵심 요소를 살펴보자.

아이와 얼굴 마주 보기

아이와 마주 보고 앉아 아이의 눈높이에 맞추면 당신은 아이의 놀이의 부분이 될 수 있다. 아이가 어디를 바라보는지 알아차리고 아이가 느끼는 것에 반응하자.

- 아이의 눈높이 혹은 눈높이 아래 머무른다. 그러면 아이는 쉽게 당신의 얼굴 표정과 당신이 하는 것을 볼 수 있다. 예를 들어, 만약 아이가 테이블 위에 얼굴을 대고 트럭을 앞뒤로 움직인다면, 아이 맞은편에 꿇어 앉아 머리를 기울이자. 그러면 당신은 아이의 얼굴과 트럭을 볼 수 있다.

> ! 만약 얼굴을 마주 보는 것이 아이를 긴장하게 한다면 함께 거울을 볼 수 있다. 거울을 보면서 당신과 눈맞춤을 하고 동시에 아이는 자기 자신을 볼 수 있다.

- 만약 아이가 너무 활동적이고 과도하게 움직인다면 아이와 함께 움직인다. 그러면 가능한 한 자주 얼굴을 마주 볼 수 있다.
- 아이가 당신을 볼 수 있도록 격려하기 위해 아이가 관심 있는 물건을 얼굴 가까이 둔다.

아이가 활동을 주도하게 하기

아이가 장난감을 선택하고 활동을 주도하게 한다. 아이가 활동을 주도하게 하면 당신은 아이가 무엇에 흥미가 있는지 알게 된다. 또한 아이가 당신과 함께 하는 활동에 참여하는 데 도움이 된다.

- 아이가 상호작용을 시작하고 주도하도록 기다리고 관찰한다. 몇 개의 장난감을 아이 옆에 두고 놀이를 시작하기 전에 아이가 장난감을 선택하도록 기다리자.
- 놀이 방법이 일반적이지 않더라도 아이가 놀이 방법을 결정하도록 한다. 즐거움을 느낄 때 아이는 당신과 관계를 더 잘 맺을 것이다.
- 아이가 바라보는 것을 관찰하고, 아이의 흥미를 따른다. 만약 아이가 새로운 활동을 시작하면 아이를 따라 새로운 활동을 시작한다.

> ? 아이가 노는 것을 좋아하게 하는 방법에는 몇 가지가 있는가?

> ! 만약 아이가 너무 빨리 활동을 전환하면 모든 활동에서 아이가 선택하도록 하는 것이 어려울 수 있다. 기억하자. 핵심은 참여와 개시를 증가시키는 것이다. 시간이 지나면 한 가지 활동에 참여하는 시간이 늘어날 것이다.

아이의 놀이에 참여하기

아이가 하는 활동에 당신도 흥미가 있다는 것으로 보여 주고 아이의 놀이에 진심을 다해 참여한다.

- 아이의 놀이에 필요한 역할이 될 수 있도록 아이를 도와준다. 만약 아이가 탑을 만든다면 블록을 주거나 차례대로 블

록을 쌓아 탑을 만들자. 만약 아이가 장난감 차를 운전한다면 차에 사람을 태워 준다.

- 어떤 아이들은 활동적이거나 감각 놀이에 더 잘 반응한다. 만약 아이가 올라가는 것을 좋아한다면, 거친 신체 놀이(rough-and tumble play)에 참여시키자. 만약 아이가 도는 것을 좋아한다면 회전의자에 앉게 한다. 만약 아이가 질감을 좋아한다면, 아이에게 촉감을 느낄 수 있는 마른 콩이나 쌀을 제공한다. 만약 아이가 불빛 보는 것을 좋아한다면 손전등을 가지고 함께 놀자. 긍정적인 감각 자극을 제공함으로써 당신 자신이 경험의 부분이 될 수 있다.

> **?** 아이의 놀이에 참여할 수 있는 방법에는 어떤 것들이 있는가?

◉ 질문과 지시 피하기

질문과 지시를 피한다. 왜냐하면 질문과 지시는 아이가 주도하는 것을 막기 때문이다. 대신에 아이의 놀이에 대해 코멘트하고 아이가 하는 것에 흥미를 보인다. 이 프로그램의 후반에 당신은 질문하는 방법과 새로운 기술을 가르치기 위해 지시하는 방법을 배울 것이다.

- 아이가 하는 것과 당신이 하는 것을 코멘트 한다. 예를 들어 블록을 쌓으면 "블록 위에." 혹은 "블록을 쌓고 있네."라고 말할 수 있다.
- 유아와 어린아이들에게는 종종 제스처, 소리 또는 '오오' '와우'와 같은 간단한 낱말과 물건을 가리키는 코멘트를 한다. 좀 더 큰 아동에게는 "크고 알록달록한 탑을 짓는구나."와 같은 아동이 하는 행동에 대해 코멘트 한다.

◉ 민감하기, 그러나 지속하기

당신이 놀이를 시작할 때, 아이는 당신을 외면하거나 다른 방으로 갈 수도 있다. 아이가 느끼는 감정을 인정하자. 하지만 아이 곁을 떠나지는 않는다. 아이 곁에 머무르고 아이가 그 자리를 떠날 때 아이를 따라가자.

> **!** 만약 아이가 반응하지 않더라도 걱정하지 않는다. 당신은 **새로운 의사소통기회 만들기**(제4장)에서 아이가 반응하도록 하는 기법을 배울 것이다. 지금은 아이 곁에서 당신의 도움 없이 어떻게 아이가 의사소통하는지 관찰하자.

- 아이의 좌절에 민감해지자. 그러나 아이와 상호작용하는 것을 지속하자. 만약 당신이 지속한다면 아이는 당신과 함께하는 즐거움을 배우게 될 것이다.
- 아이가 거부하는 것을 겁내지 않는다. 설령 아이가 좌절을 표현한다고 하더라도 여전히 당신과 상호작용하고 있는 것이다.
- 만약 아이가 저항하면, 다른 방법으로 아이의 놀이에 참여한다. 예를 들어, 만약 기

차를 만졌을 때 아이가 화를 낸다면 다른 기차나 장난감을 가지고 코멘트 한다. "내 기차는 엄청 빠르다!"

한계 정하기

아이가 가족이 정한 규칙을 어기지 않는 한 **아이의 주도 따르기**를 계속한다. 가족의 규칙 및 가족이 중요하게 여기는 것을 일관성 있게 유지한다.

- 당신은 그 상황을 조절하고, 아이에게 어떤 행동들이 괜찮은 것인지 결정할 수 있다.
- 기억하자. 첫 번째는 안전이다. 아이나 다른 사람을 다치게 하거나 물건을 파괴하는 행동은 허락되어서는 안 된다.
- 만약 아이가 안전하지 않는 행동을 한다면(벽에 머리 부딪치기, 선반 위에 올라가기, 때리기) 단호하고 차분한 목소리로 이러한 행동은 안 된다고 명백하게 말한다. 그리고 문제를 일으키는 장난감이나 물건을 제거한다(만약 가능하다면).

> 만약 아이의 행동이 우려된다면 코치와 제8장 **아이의 문제 행동 다루기**로 넘어갈지 상의한다.

아이의 반응을 기다리고 관찰하기

일단 **아이의 주도 따르기**를 시작하면 당신과 함께 참여하고 의사소통하려는 아이의 신호를 기다리고 관찰하자. 참여를 나타내는 행동들은 많은 형태로 나타날 수 있다.

- 아이는 당신이 놀이에 참여하고 있다는 것을 어떤 방법으로든 인지하는가? 아이는 당신을 바라보는가? 제스처나 발성을 하거나 혹은 활동을 그만두는가? 이러한 행동들은 당신이 아이를 도와주지 않을 때 아이가 의사소통하고자 하는 방법이 될 수 있다.
- 아이가 스스로 할 수 있는 것이 무엇인지 알기 위해 기다리자. 코치는 당신이 아이의 흥미가 무엇인지 알 수 있도록 도와줄 수 있다. 그리고 당신의 도움 없이 아이가 어떻게, 왜, 얼마나 자주 의사소통하고 놀이를 하는지 알도록 도와줄 수 있다.

아이의 모든 행동에 반응하기

아이의 모든 행동에 순차적으로 반응한다. 이러한 반응은 아이에게 자신의 행동이 의미가 있으며 다른 사람과 의사소통하는 데 사용될 수 있다는 것을 가르쳐 준다.

- 아이가 당신에게 의미 있는 말을 한 것처럼 아이의 모든 행동(구어와 비구어)에 반응하자. 예

를 들어, 만약 아이가 문손잡이에 당신의 손을 올린다면 문을 열어 주는 것으로 반응한다. 〈표 2-1〉은 어떻게 반응하는지에 대한 몇 가지 예이다.

• 만약 아이가 거부한다면, 이것 역시 의사소통의 형식이다. 적절하게 반응하자.
• 아이의 비언어적 행동을 명명해 준다. 예를 들어, 만약 아이가 울고 있다면 "슬프구나."라고 말한다. 만약 아이가 크래커를 향해 손을 뻗고 가리키면 "크래커."라고 이름을 말해 준다.

[그림 2-1]에서 Johnny는 블록을 한 줄로 늘여 놓으면서 놀고 있다. 엄마는 함께 참여하기를 늘리기 위해 아동의 주도 따르기를 사용하면서 아이에게 집중하는 연습을 한다. 엄마는 아이의 반응을 기다린다. Johnny가 블록을 보면, 엄마는 아이에게 블록을 준다. 이러한 과정이 다음 도표에 제시되어 있다.

> **?** 아이의 행동에 반응하는 방법은 무엇이 있는가?

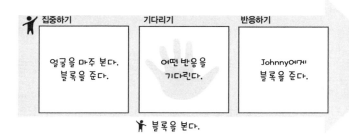

〈표 2-1〉 아이의 행동에 반응하는 방법들

아이가······	당신은 ······
당신을 본다면	• 당신이 가지고 있는 것을 아이에게 준다. • "안녕."이라고 말한다. • 당신이 하고 있는 것을 계속한다.
당신으로부터 멀어진다면	• "잘 가." "가는구나." 또는 "다 했구나."라고 말한다. • 당신이 하고 있는 것을 멈춘다.
물건을 향해 손을 뻗는다면	• 아이에게 물건을 준다.
아이의 장난감을 만지려고 할 때 당신의 손을 민다면	• 손을 치우고 "안 되는구나."라고 말한다.

[그림 2-1] 아이의 주도 따르기

Johnny의 엄마는 함께 참여하기 위해 아이에게 블록을 건네준다.

다음 페이지의 '가정에서 해보기!'에는 **아이의 주도 따르기**에 대한 아이디어가 있다. 이 장의 마지막에 있는 양식은 **아이에게 집중하기 전략**을 사용할 수 있도록 도와주기 위한 실천계획표이다(**아이의 주도 따르기**와 다음에 배우게 될 **아이 모방하기**를 포함한다). 당신의 코치는 실천계획표의 윗부분을 완성할 수 있도록 도와주고, 가정에서 실행한 후에 아랫 부분을 어떻게 완성할 것인지 알려 줄 것이다.

가정에서 해보기! **아이의 주도 따르기**

아이가……   당신은 ……

장난감 놀이	
자동차, 기차, 트럭 혹은 헬리콥터와 같은 바퀴가 있는 장난감을 가지고 놀 때	• 얼굴을 마주 보고 앉아서 놀이를 함께 한다. • 아이가 바퀴 장난감을 가지고 무엇을 하는지 기다린다.
다른 놀이로 전환할 때	• 아이를 따라 새로운 활동을 시작하고 놀이에 참여하기 위해 노력한다. • 좀 더 작은 공간을 만들기 위해서 **가정에서 준비하기**에 나온 팁을 사용한다.
장난감에 흥미를 보이지 않을 때	• 창의성을 발휘하라! 아이들은 종종 냄비, 프라이팬, 은그릇, 빗자루 그리고 세탁바구니와 같은 가정용품을 가지고 논다. • 아이가 가지고 놀기 좋아하는 장난감을 준비한다. 악기, 말랑한 공, 자동차 같은 아이와 노는 데 사용할 수 있는 장난감을 선택한다.
일반적이지 않은 방법으로 장난감 놀이를 할 때	• 아이와 놀이를 할 때 당신이 정해 놓은 규칙에 적절하다면 아동의 주도에 따라 놀이에 참여한다.
활동적 놀이	
쫓아가기, 간지럽히기, 트램펄린에서 놀기, 미끄럼 타기, 또는 다른 놀이기구를 좋아할 때	• 아이의 주도를 따르고 놀이에 참여한다. • 침대나 소파 위에서 뛰기, 담요 아래 숨기와 같은 가정에서 할 수 있는 간단하고 경제적인 활동을 선택한다.
그네를 탈 때	• 아이 앞에 서서 몇 번 밀어 준다. • 아이가 그네를 더 밀어주기 원하는지 관찰한다.
감각 놀이	
물놀이를 좋아할 때	• 아이가 수도꼭지와 스프링클러를 가지고 놀면 당신도 아이의 행동에 흥미가 있다는 것을 보여 준다.
손가락으로 콩, 모래, 쌀을 가지고 놀 때	• 컵으로 콩, 모래, 쌀을 아이의 손에 붓는다. • 아이가 손가락으로 콩, 모래, 쌀을 가지고 놀 때 컵으로 잡는다.
아이가 불을 껐다 켰다 할 때	• 활동에 함께 참여하여 불을 켜고 끄는 활동을 차례대로 하려고 노력한다.
목욕 시간	
욕조에서 첨벙거릴 때	• 함께 첨벙거린다. • 컵이나 숟가락 같은 놀 수 있는 아이템을 사용한다. • 컵이나 숟가락으로 아이가 무엇을 하는지 관찰하고 참여한다.

아이 모방하기

모방하기 기법은 아이의 움직임, 제스처, 놀이 활동, 소리 그리고 낱말을 그대로 따라 하는 것이다. 이것은 **아이에게 집중하기** 위한 좋은 방법이며 함께 놀 수 있는 방법이다. **아이 모방하기**는 다음의 능력을 진전시킬 수 있다.

- 놀이하는 동안 당신과 함께 참여하는 능력
- 함께 노는 시간
- 즉각적인 발성과 언어
- 아이가 할 수 있는 다른 놀이 활동의 개수

이제 **아이 모방하기**의 핵심 요소를 살펴보자.

?
당신이 모방할 수 있는 제스처, 얼굴 표정, 몸의 움직임은 무엇인가?

아이의 제스처, 얼굴 표정, 몸의 움직임을 모방하기

아이의 다양한 활동과 표현을 모방하면 아이는 자신의 행동이 의미가 있다는 것과 당신이 행동하는 것에 영향을 줄 수 있다는 것을 깨닫게 된다. 아이는 아마 당신의 행동을 보거나 당신이 아이를 모방할 때 자신의 행동을 바꿀 것이다. 아이의 행동을 모방하는 것은 아이가 당신에게 흥미를 갖는 데 도움이 된다.

- 아이의 제스처와 몸의 움직임을 모방한다. 예를 들어, 아이가 발을 쿵쿵거리면 당신도 쿵쿵거린다. 만약 아이가 가구의 한 부분을 손가락으로 두드리면 당신도 같은 부분을 두드린다. 만약 아이가 박수를 치면 당신도 박수를 친다.
- 아이의 표정과 감정을 모방한다. 이것은 얼굴 표정이 중요하다는 것을 배우는 데 도움이 된다.

!
제스처와 몸의 움직임을 모방하는 것은 특히 아이가 장난감을 가지고 놀지 않을 때 도움이 된다.

- 아이의 제스처, 얼굴 표정, 몸의 움직임을 과장하여 모방한다. 이것은 당신이 자신을 모방하고 있다는 것을 인지하는 데 도움이 된다.

아이의 발성을 모방하기

아이의 소리와 낱말을 모방하는 것은 아이가 당신에게 집중하고 자신의 소리가 의미가 있다는 것을 배우는 데 도움을 된다.

- 아이가 만드는 모든 소리 그 자체뿐 아니라 발성이 나타내는 감정도 모방한다.
- 만약 아이가 낱말을 아직 사용하지 않는다면 그르렁거리거나 한숨 쉬는 소리까지도 모방한다.
- 만약 아이가 낱말 또는 문장 수준으로 표현한다면, 당신이 함께 하고 있는 활동과 연관된 언어만 모방한다. 예를 들어, 만약 당신이 함께 책을 보고 있다면 책에 대해 아이가 말하는 것을 모방한다. 그러나 좋아하는 영화를 암기하듯 말하는 것은 모방하지 않는다.

> **?** 당신이 모방할 수 있는 아이의 발성은 무엇인가?

장난감이나 물건을 가지고 노는 아이를 모방하기

당신이 아이의 놀이를 모방할 때, 아이는 당신이 자신을 모방하는지 보려고 새로운 놀이 기술 혹은 다른 놀이 기술을 사용할 수도 있다.

- 아이가 장난감이나 물건을 가지고 하는 행동을 따라 하자. 예를 들어, 만약 아이가 장난감을 떨어뜨리고 있으면 당신은 다른 상자에 장난감을 떨어뜨릴 수 있다.
- 일반적이지 않더라도 위험하지 않다면, 아이가 장난감을 가지고 하는 행동이 무엇이든 모방한다. 시간이 지나면 당신은 비기능적인 놀이를 좀 더 적절한 놀이로 바꿔 갈 수 있다.
- 같은 장난감이나 물건을 두 개씩 가지고 있는 것은 도움이 된다. 당신이 아이의 것과 같거나 비슷한 장난감이나 물건을 사용한다면 아이는 당신이 자신을 모방한다는 것을 더 잘 인지할 수 있다. 이렇게 하면 아이와 놀면서 동시에 아이의 놀이를 모방할 수 있다. 예를 들어, 아이를 따라 장난감 자동차를 경사로에 놓는다.

> **?** 당신이 모방할 수 있는 놀이 행동은 무엇이 있는가?

오직 긍정적인 행동만 모방하기

아이 모방하기는 당신이 모방하고 있는 아이의 행동들을 더 증가시킬 수 있다. 그러므로 안전하지 않고 파괴적인 행동은 모방하지 않는다. 예를 들어, 물건을 던지거나 공격적인 행동들이다.

- 아이에게 좀 더 적절할 방법으로 놀 수 있는 방법을 보여 주면서 아이의 행동을 모방한다. 예를 들어, 만약 아이가 장난감을 던지는 것을 좋아한다면 소프트볼을 주어 던지게 한다.
- 행동 대신에 아이의 감정에 맞추어 줄 수 있다. 예를 들어, 만약 아이가 흥분해서 손을 펄럭거린다면 흥분된 모습을 모방한다. 그러나 손을 펄럭거리는 행동 대신 박수를 치거나 머리

위로 손을 흔들면서 "오예! 나도 했어"라고 말하면서 표현한다.

[그림 2-2]는 Michael이 차를 앞뒤로 굴리며 노는 것을 보여 준다. 아빠는 아이의 참여를 늘리기 위해 Michael을 모방하면서 **아이에게 집중하기**를 연습하고 있다. 그리고 Michael의 반응을 기다린다. Michael이 아빠를 보면 아빠는 미소로 반응하고 계속해서 Michael를 모방한다. 이러한 과정이 다음 도표에 나타나있다.

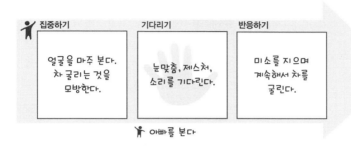

다음 페이지의 '가정에서 해보기!'에는 **아이 모방하기**에 대한 아이디어가 있다. 이 장의 마지막에 있는 양식은 **아이에게 집중하기** 기법을 사용하도록 도와주기 위한 실천계획표이다(**아이의 주도 따르기**와 **아이 모방하기**를 포함한다). 당신의 코치는 실천계획표의 윗부분을 완성하도록 도와주고, 가정에서 실행한 후에 아랫부분을 어떻게 완성할 것인지 알려 줄 것이다.

[그림 2-2] 아이 모방하기

Michael의 아빠는 함께 참여하기를 늘리기 위해 다른 자동차를 밀면서 아이를 모방한다.

가정에서 해보기! **아이 모방하기**

아이가……   당신은 ……

장난감 놀이	
악기 놀이를 한다면	• 악기놀이를 모방한다.
초크, 마커, 물감, 스티커와 같은 미술 놀이를 한다면	• 동일한 재료를 가지고 얼굴을 마주 보고 앉아 아이가 하는 것을 모방한다. 어떻게 아이가 반응하는지 기다린다.
장난감에 흥미를 보이지 않을 때	• 컵 쌓기, 쿠쉬볼, 블록, 폼폼, 바퀴, 음식 장난감, 플레이도 그리고 작은 피규어들 같은 놀이 방법이 다른 장난감을 내 놓는다. 아이가 이것들로 무엇을 하는지 관찰하고 만약 아이가 흥미를 보이면 아이의 행동을 모방한다.
자동차를 가지고 놀 때	• 다른 자동차를 가져와 얼굴을 마주 보고 앉아 차를 가지고 노는 모습을 모방한다. 아이의 반응을 기다린다.
활동적인 놀이	
집이나 마당을 돌아다닐 때	• 아이의 발성, 제스처, 몸의 움직임을 모방한다. 당신이 아이를 모방한다는 사실을 과장되게 표현한다.
감각 놀이	
콩, 모래, 쌀을 손으로 만질 때	• 놀이가 비일상적으로 보이더라도 얼굴을 마주 보고 앉아 아이의 놀이를 모방한다.
목욕 시간	
욕조에서 첨벙거릴 때	• 얼굴을 맞대고 아이와 물 튕기기를 한다.
바퀴, 컵, 컨테이너, 여과기, 태엽 장난감, 목욕용 크레용, 또는 비눗방울과 같은 목욕놀이 장난감을 가지고 놀 때	• 아이의 행동을 모방하고 나서 아이가 무엇을 하는지 기다리자.
간식 시간	
간식 먹을 때	• 아이가 먹는 방법으로 당신도 음식을 먹는다. • 당신이 아이와 같은 접시로 먹을 때 아이는 좀 더 집중할 것이다.

실천계획표
아이에게 집중하기

날짜:

계획하기

목표(들):

활동(들):

예상되는 어려운 점은 무엇인가요?

해결 방법:

집중하기

기다리기

반응하기

되돌아보기

잘된 점은 무엇인가요?

어려운 점은 무엇인가요?

해결 방법:

제3장
의사소통 방법 조절하기

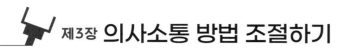

제3장 의사소통 방법 조절하기

아이가 구어적 · 비구어적 의사소통을 이해하고 사용하도록 도와준다.

피라미드(위→아래): 새로운 기능 가르치기 / 새로운 의사소통 기회 만들기 / 아이에게 집중하기 · 의사소통 방법 조절하기

애니메이션(animation)처럼 표현하기
- 활동에 흥미를 갖게 하기
- 제스처를 과장하여 표현하기
- 얼굴 표정을 과장하기
- 목소리 질을 과장하기
- 주의를 끄는 낱말(attention-getting word)을 사용하기
- 아이가 적절한 각성 상태를 유지할 수 있도록 애니메이션을 조절하기
- 아이가 반응하길 기대하며 기다리기

모델링과 의사소통 확장하기
- 아이가 보고, 듣고, 하고 있는 것을 말해 주기
- 간단한 언어를 사용하기
- 제스처와 시각적 단서를 사용하기
- 느리게 말하고 천천히 행동하기
- 중요한 낱말은 강조하기
- 반복하기
- 질문 피하기
- 아이의 의사소통을 확장하기

집중하기와 조절하기 → 기다리기 → 반응과 확장

이 프로그램의 두 번째 전략은 **의사소통 방법 조절하기**이다. 이것은 ImPACT F.A.C.T.S.의 A에 해당된다. 이 기능은 아이의 사회적 참여를 독려하며 아이가 구어적 · 비구어적 의사소통을 이해하고 사용하는 데 도움이 된다. **의사소통 방법 조절하기**는 두 가지 기법이 있다. **애니메이션 (animation)처럼 표현하기**는 제스처, 얼굴 표정, 목소리 톤과 같은 비구어적 의사소통을 조절하는 것으로 상호작용을 재미있게 해 준다. 과장하는 것은 아이가 의사소통의 미묘한 측면들을 이해하는 데 도움이 된다. **모델링과 의사소통 확장하기**는 아이가 낱말과 문장을 이해하도록 도움을 주기 위해 당신의 구어를 조절하는 것을 포함한다.

앞 페이지의 도표에서 보았듯이 당신은 **아이에게 집중하기** 전략을 사용하고 아이의 반응을 기다리면서 **의사소통 방법 조절하기** 전략을 사용할 것이다. 당신은 아이가 행동하는 것에 순차적으로 반응하고 아이의 반응을 확장할 것이다. 이러한 전략은 아이와의 모든 상호작용에서 사용될 수 있다.

애니메이션처럼 표현하기

애니메이션처럼 표현하기 기법은 당신의 행동, 목소리, 얼굴 표정을 두드러지게 표현하기 위해 에너지를 더(또는 한동안, 덜)하는 것이다. 이것은 상호작용을 더 재미있게 한다. 또한 이 기법을 통해 당신은 사회적 의사소통에 어려움이 있는 아이들이 쉽게 놓칠 수 있고 미묘한 의사소통의 비구어적 측면을 강조할 수 있다. **애니메이션처럼 표현하기**는 다른 기법들을 강조하고 다음의 능력을 증진시킨다.

- 당신과 즐거움을 나누는 능력
- 의사소통을 시작하는 능력
- 제스처, 얼굴 표정, 몸의 자세를 이해하는 능력

이제 **애니메이션처럼 표현하기**의 핵심 요소를 살펴보자.

◉ 활동에 흥미를 갖게 하기
당신이 아이와 즐거움을 더 많이 나눌수록 아이도 당신과 즐거움을 나눌 것이다.

- 눈맞춤, 미소, 웃음으로 즐거움을 보여 준다.
- 아이가 하고 있는 것이 지루하거나 당신에게 반복적인 활동이라 하더라도 흥미 있는 척한다.

제스처를 과장하여 표현하기

아이와 의사소통할 때 비구어적인 의사소통에 주의를 기울일 수 있도록 제스처를 사용한다.

- 제스처를 크게 하여 당신이 말하는 것이 아이에게 명확하게 전달되게 한다. 흔들기, 가리키기, 또는 과장된 방법으로 어깨를 으쓱하기 같은 제스처이다.
- 아이가 모방할 수 있도록 간단한 제스처를 반복한다.

> **?**
> 당신이 과장할 수 있는 제스처는 무엇인가?

얼굴 표정을 과장하기

당신의 얼굴 표정을 과장하여 아이가 얼굴 표정에 관심을 갖고 그것이 의미하는 것을 이해할 수 있도록 한다.

- 만약 행복하다면 좀 더 크고 명확하게 미소 짓는다. 그리고 당신이 충분히 행복하다는 것을 보여 주기 위해 미소 지으며 박수를 친다.
- 만약 피곤하고 지루하거나 혹은 놀랐다면 이러한 감정을 나타내는 얼굴 표정과 몸의 움직임을 과장한다.
- 아이가 당신의 얼굴 표정을 알아채도록 제스처를 사용한다. 예를 들어, 당신이 슬프다는 것을 보여 주기 위해 눈살을 찌푸릴 때 입가를 가리키자.

> **!**
> 만약 아이가 당신을 보지 않는다면 주의를 끄는 낱말을 표현하거나 깜짝 놀란 표정을 짓는다.

목소리 질을 과장하기

목소리 질은 속도, 톤, 말소리 크기를 포함한다. 아이들은 목소리 질의 차이를 이해하는 것이 어렵다. 목소리 변화를 과장하면 아이가 알아채는 데 도움이 된다.

- 아이가 알 수 있도록 목소리 크기를 조절한다. 예를 들어, 특정 낱말은 속삭인다.
- 의문문과 평서문의 억양이 다르다는 것을 과장한다. 예를 들어, 질문을 할 때 낱말의 끝을 올리고 평서문을 말할 때는 과장되게 목소리 톤을 낮춘다.

- 여러 가지 감정을 다양한 억양으로 과장되게 표현한다. 아이가 의미를 해석할 수 있도록 제스처와 얼굴 표정을 과장하자.

주의를 끄는 낱말(attention-getting word)을 사용하기

? 당신이 사용할 수 있는 주의를 끄는 낱말은 무엇인가?

특정 낱말과 소리는 두드러져서 아이가 집중할 수 있도록 해 준다. 이러한 특정 낱말과 소리는 당신과 어떤 것을 나누고 아이가 당신을 볼 수 있도록 촉진하는 단서가 될 수 있다. 당신은 '와' '오, 안 돼' '와우' 또는 깜짝 놀란 표정과 소리를 내며 아이를 집중시킬 수 있다.

- 만약 아이가 동일한 낱말과 소리를 사용한다면, 그것은 의미가 있다. 아이가 말하는 것을 당신이 이해한다는 것을 보여 주기 위해 과장되게 반응하자.

아이가 적절한 각성 상태를 유지할 수 있도록 애니메이션을 조절하기

아이들은 너무 흥분되거나(up) 너무 처져 있지(down) 않고 적절한 수준의 각성 상태일 때 잘 배울 수 있다.

- 만약 아이가 당신과 놀이를 하는 동안 조용하거나, 위축되어 있거나, 또는 졸려 하면 아이가 각성되어 있지 않다는 신호이다. 이런 경우에 아이가 당신과 함께 참여하도록 좀 더 애니메이션 기법을 사용하여 표현한다. 예를 들어, 만약 아이가 너무 에너지가 없다면 당신의 목소리를 크게 하고 아이가 흥미를 가질 수 있도록 제스처와 함께 에너지 넘치는 톤으로 말하자.
- 당신이 애니메이션 기법을 과도하게 사용해 아이가 너무 흥분한 상태라면 차분해질 수 있도록 애니메이션 기법 사용을 줄이자. 말의 속도를 느리게 하고 목소리를 낮춘다. 예를 들어, 만약 아이가 주의를 기울이지 않거나 혹은 너무 에너지가 넘친다면 아이의 주의를 끌 수 있도록 부드럽게 혹은 속삭이듯이 말하자.

! 만약 아이가 당신의 제스처가 너무 빠르거나 목소리가 너무 커서 도망간다면 목소리를 조용하게 낮추고 제스처는 느리게 하라. 이 기법의 목표는 참여를 증가시키는 것이다.

아이가 반응하길 기대하며 기다리기

기다릴 때는 과장된 제스처와 기대하는 모습을 보여 준다. 이러한 단서를 사용하면 아이는 당신이 반응을 기대하고 있다는 것을 깨닫는다.

- 간지럽히기 게임을 하면서 당신의 손가락을 들고(과장된 제스처로) "잡으러 간다." 하고 말한 다. 그리고 아이를 간지럽히기 전에 아이가 의사소통하기를 기다리자.
- 만약 아이와 기찻길 놀이를 하고 있다면 당신의 기차를 밀고 나서 멈춘다. 그리고 아이에게 기대하는 모습을 보여 주자. 당신이 기찻길에 있는 기차를 움직이기 전에 아이가 의사소통 하기를 기다린다.

> **!** 당신이 기대하는 모습으로 기다 렸음에도 아이가 반응하지 않는 다면 아이를 따라 다른 활동을 하 고 이 기법을 다시 시도한다.

[그림 3-1]은 엄마가 제스처를 크게 하고 얼굴 표정을 과장하 여 자신의 의사소통 방법을 조절하는 것을 보여 주고 있다. 엄 마는 기다리고 아이는 엄마를 보고 미소 짓는다. 엄마는 미소로 응답하고 계속해서 제스처를 크게 한다. 다음 도표는 이러한 상 호작용을 그린 것이다.

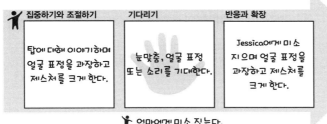

다음 페이지의 '가정에서 해보기!'에 **애니메이션처럼 표현하기**에 대한 아이디어가 있다. 이 장 의 마지막에 있는 양식은 **의사소통 방법 조절하기** 전략(**애니메이션처럼 표현하기**와 **모델링과 의사 소통 확장하기**를 포함한다.)을 사용하도록 도와주기 위한 실천계획표이다. 당신의 코치는 실천계 획표의 윗부분을 완성하도록 도와주고, 가정에서 실행한 후 아랫부분을 어떻게 완성할지 알려 줄 것이다.

[그림 3-1] 애니메이션처럼 표현하기

Jessica의 참여를 늘리고 Jessica가 비언어적 제스처를 이해할 수 있도록
엄마는 제스처를 크게 하고("엄청 커.") 과장된 얼굴 표정을 짓는다.

가정에서 해보기!   **애니메이션처럼 표현하기**

아이가……   당신은……

일어나는 시간	
잠에서 깨어 침대에 누워 있을 때	• 아이와 함께 누워 자는 척한다. • 담요를 쓰고 코고는 소리를 과장한다. • 갑자기 깨는 척한다. 침대에 앉아 팔을 펴고 "일어났다." 하고 크게 말한다. • 아이가 흥미를 보이는 한 잠자기와 일어나기를 번갈아 한다.
노래/사회적 게임	
노래하거나 당신이 노래하는 것을 들을 때	• 노래를 몇 줄 부르고 당신이 계속 부르도록 아이가 어떤 지시를 하는지 기대하는 표정과 제스처로 기다린다. • 'Itsy-Bitsy Spider' 'If You're Happy and You Know It' 'Row, Row, Row Your Boat' 'Ring around the Rosy' 'Wheels on the Bus'와 같은 제스처와 움직임이 포함된 노래를 한다.
까꿍 놀이를 할 때	• 스카프로 얼굴을 가리고 아이가 스카프를 벗기려고 어떻게 하는지 기다린다. 만약 아이가 스카프를 벗기면 "까꿍."이라고 말한다.
간지럽히기 놀이를 할 때	• 아이를 간지럽힌 후 또 간지럽히기를 할 것이라고 제스처로 표현한다. 아이가 간지럽히기를 더 해 달라고 표현할 것을 기대하는 표정으로 기다린다.
장난감 놀이	
인형 놀이를 할 때	• 놀이를 하는 동안 생기는 감정을 과장한다. • 만약 인형이 떨어지고 다치면 우는 척하거나 "안 돼. 이런." 하고 말한다.
블록으로 탑을 만들 때	• 탑이 무너지면 손으로 얼굴을 가리며 '안 돼. 어이쿠!'라고 과장된 제스처를 한다.
자동차 놀이를 할 때	• 자동차 사고가 난 것처럼 한다. 그리고 손으로 얼굴을 가리며 제스처를 과장하며 "어떡하지?"라고 말한다.
이야기 시간	
책을 읽을 때	• 제스처를 과장하여 책 내용을 간략하게 연출한다. 예를 들어, 만약 새 그림이 있다면 새인 것처럼 하고(새처럼 팔을 벌리고 '짹짹'거린다), 만약 음식 그림이 있으면 먹는 것처럼 한다.

아이가……   당신은 ……

식사 시간/간식 시간
식사를 하거나 간식을 먹을 때	• 아이의 음식을 조금 먹고 얼마나 맛이 있는지 제스처와 얼굴 표정으로 과장한다. 예를 들어, 아이의 사과를 조금 베어 먹고 입술을 핥은 후 배를 문지르면서 "맛있어."라고 말한다. • 아이가 좋아하지 않는 음식을 한 입 베어 물거나 음식이 아닌 물건을 먹는 것처럼 한다. 그리고 혀를 내밀면서 얼굴을 찡그리고 "으웩."이라고 말한다. • 아이가 관심을 갖는 동안 '맛있는 것'과 '맛없는 것'을 번갈아 표현한다.
목욕 시간	
목욕하고 있을 때	• 과장된 말과 제스처를 하며 한 번에 몸의 한 부분씩 씻는다. 예를 들어 "나는 이제 너의 ……발가락을 씻을 거야."(발가락을 큰 제스처로 가리키며)라고 말한다. • 씻기 전에 몸의 각 부분을 냄새 맡는 것처럼 하고 더럽다고 과장한다. 당신의 코를 막고 얼굴을 찡그리며 "으~ 냄새나." 하고 말하고 씻는다. 다시 냄새를 맡는 것처럼 하고 "모두 씻었네." 하고 말한다.
욕조에서 물을 첨벙거리고 있을 때	• 아이가 당신의 팔을 적시도록 몸을 기대고 얼굴 표정과 제스처를 과장한다. 그리고 당신의 팔을 가리키며 "이런, 팔이 젖어 버렸네." 하고 말한다.
다른 일상 활동	
다른 일상 활동을 할 때	• 하루 일과에서 당신이 느끼는 것을 표현하기 위해 얼굴 표정과 몸 언어를 과장한다. 예를 들어, 만약 당신이 행복하다면 몸 언어와 미소를 과장하고(박수치기) 감정을 표현한다. • 만약 당신이 슬프다면(예: 발가락이 찔렸다면) 몸자세와 얼굴 표정을 과장하여 슬픔을 표현하고 "아야!" 하고 말한다. • 각각 다른 상황에서 목소리 질을 과장한다. 만약 도서관에 있다면 적절한 목소리 크기를 알려 주기 위해 속삭인다. 혹은 운동장에 있다면 활동에 참여하면서 크고 흥분된 목소리를 사용한다.

모델링과 의사소통 확장하기

당신이 말하는 내용과 말하는 방법은 아이가 의사소통을 사용하고 이해하는 능력에 영향을 준다. **모델링**은 아이가 하고, 보고, 듣는 것을 묘사하기 위해 비구어적(제스처) 언어와 구어(낱말과 문장)를 사용하는 것을 의미한다. **의사소통 확장하기**는 아이가 말하거나 하고 있는 것을 다시 기술하여, 새로운 제스처나 언어 기술을 아이의 의사소통에 더해 주는 것이다. 당신은 아이의 의사소통을 위해 **모델링과 의사소통 확장하기**를 모든 활동에서 사용할 수 있다.

- 새로운 제스처, 낱말 혹은 문장을 학습하기
- 여러 가지 이유로 의사소통 하고 싶어 하도록 기회를 확장하기

이제 **모델링과 의사소통 확장하기**의 핵심 요소를 이야기해 보자.

아이가 보고, 듣고, 하고 있는 것을 말해 주기
마치 스포츠 중계자처럼 아이가 보고, 듣고 또는 하고 있는 일을 묘사하고, 이름 붙이고, 코멘트하면서 아이가 집중하는 것에 대해 이야기한다. 아이가 보고 있을 때 당신이 무엇을 하는지 말하는 것도 포함된다.

- 언급하기, 주의 얻기, 요구하기, 저항하기 또는 정보를 얻는 것과 같은 다양한 이유로 언어를 어떻게 사용하는지 모델링한다.

> **?**
> 아이의 흥미와 관련하여 당신이 모델링할 수 있는 언어는 무엇인가?

- 너무 많은 정보를 줄 수 있기 때문에 아이가 하는 모든 행동을 언급하지는 않는다.
- 〈표 3-1〉은 아이가 하고 있는 활동에 기반을 두고 이야기할 수 있는 일들의 예이다.

> **!**
> '더' '원한다'와 같은 낱말을 과도하게 사용하는 것을 피하자. 대신에 명사와 동사의 낱말 조합, 혹은 '큰' '빠른' 혹은 '빨간'과 같은 묘사하는 낱말을 사용한다. 예를 들어, 만약 당신이 아이와 잡기 놀이를 한다면 "공 줘." "더 많이 줘."와 같은 말 대신 "공을 던져."라고 모델링한다.

간단한 언어를 사용하기
너무 많은 낱말을 사용하게 되면 어떤 아이들은 말 또는 제스처를 이해하는 데 어려움을 겪는다. 말하는 방법을 바꾸면 당신이 말하는 것을 아이가 더 쉽게 이해할 수 있다.

〈표 3-1〉 아이와 활동하면서 언어를 모델링하기

아이가 ……	당신은 ……	예
주스를 마실 때	주스 이름을 말하고 아이가 하는 행동을 묘사하자. 또는 주스 맛이 어떤지 묘사한다.	• 가리키고 "주스."라고 말하기 • "주스 마셔." • "사과주스를 마시고 있구나." • "사과주스는 맛있어."
아기인형에게 먹이고 있을 때	아기 이름을 말하고 아기가 하고 있는 것을 묘사하거나 아기가 어떻게 맛을 느끼는지 묘사한다.	• 가리키고 "아기."라고 말하기 • "아기에게 음식을 주는구나." • "아기가 시리얼을 먹고 있네." • "아기가 배고프대."
옷을 입고 있을 때	당신이 옷을 입을 때마다 옷의 이름을 말한다. 어떻게 보이는지 묘사하거나 아이가 어떻게 느낄지 추측해 본다.	• "셔츠."라고 말하기 • "빨간 셔츠야." • "이건 네가 가장 좋아하는 셔츠지."
문을 열기 원할 때	문을 열면서 이야기한다. 어떻게 여는지 묘사하거나 아이가 어디에 가고 싶은지 추측하여 이야기한다.	• "열어."라고 말하거나 문을 가볍게 두드리고 "열어."라고 말한다. • "손잡이를 돌려." • "문을 열고 싶구나." • "나가고 싶구나."
자동차를 보고 있을 때	자동차 이름을 말하거나 모양, 소리가 어떤지, 운전을 어떻게 하는지 묘사한다.	• 가리키고 "자동차."라고 말한다. • "초록색 자동차구나." • "자동차가 빠르지."
담요를 보고 있을 때	아이가 생각하거나 원하는 것을 말한다.	• 어깨를 으쓱하며 "담요가 어디 있지?"라고 말한다. • "난 담요가 필요한데."

- 아이가 스스로 할 수 있는 것보다 아주 조금 더 복잡하고 새로운 의사소통 기술을 사용한다. 예를 들어, 만약 아이가 한 단어로 의사소통한다면 두 낱말 구로 모델링해 준다.
- 의사소통할 때는 여러 가지 다른 이유가 있다는 것을 기억하자. 예를 들어, 요구하기, 주의 얻기 또는 정보 얻기 같은 이유들이다.
- 〈표 3-2〉를 참고하면 현재 아이의 의사소통 기술에 기반을 두고 아이에게 어떤 유형의 의사소통을 모델링해 주어야 할지 결정하는 데 도움이 된다.

> **?** 아이에게 모델링해 줄 수 있는 의사소통 유형은 무엇인가?

〈표 3-2〉 모델링해야 하는 의사소통 유형 선택하기

아이가 ……	당신은 ……	예
눈맞춤하거나 전의도적인 제스처를 사용할 때	의도적인 제스처와 한 단어로 모델링한다.	• 가리키기 • "열어." 또는 "내 차례."라고 표시하기 • "가자." 또는 "주스." 하고 말하기
전의도적 제스처 사용, 낱말과 비슷한 소리를 만들 때 또는 한 단어를 사용할 때	한 단어와 낱말조합을 모델링한다.	• "비눗방울." • "비눗방울 불어."
두 개 혹은 세 낱말 조합을 할 때	간단한 문장을 모델링한다.	• "나는 사과를 먹을 거야." • "이건 내 기차야."
간단한 문장을 사용할 때	묘사하기를 포함한 복잡한 문장을 모델링한다.	• "크고 빨간 공을 나에게 던져." • "차를 매우 빨리 밀 거야."
복잡한 문장을 사용할 때	시간, 감정과 같은 언어 개념의 복잡한 문장을 모델링한다.	• "어제 공원을 걸었지." • "나는 공룡이 무서워."

> **!**
>
> 기억하자. 당신의 모델링대로 아이는 낱말이나 제스처를 모방하지 않을 수 있다. 괜찮다. 이 프로그램 후반부에서 당신은 아이가 새로운 의사소통 기능을 사용할 수 있도록 도와주는 방법을 배우게 될 것이다.

◎ 제스처와 시각적인 단서를 사용하기

아이가 당신이 한 말의 의미를 이해할 수 있도록 낱말과 함께 제스처와 시각적 단서(가리키기 혹은 물건을 들고 있기와 같은)를 사용하자. 이러한 기법은 비언어적인 의사소통을 사용하고 이해하는 데 어려움이 있는 아이들과 마찬가지로 아직 구어적 의사소통을 사용하지 않는 아이들에게도 중요하다.

- 이야기할 때 물건을 들거나, 두드리거나 또는 가리킨다. 예를 들어, 아이 앞에서 공을 들고 "공."이라고 말한다. 문을 열 때, 문을 두드리며 "문."이라고 말하자.
- 아이가 제스처의 의미를 이해할 수 있도록 제스처를 과장한다. 예를 들어, 아이가 제스처를 인지하고 인형에게 집중할 수 있도록 손가락으로 인형을 가리키고 "아기."라고 말하며 아기 인형 앞으로 간다.

◎ 느리게 말하고 천천히 행동하기

당신이 말과 제스처를 천천히 할수록 아이는 더 쉽게 새로운 정보를 배울 수 있을 것이다.

- 말 속도를 늦추고 제스처를 과장한다.

- 제스처는 말하는 속도와 맞아야 하고 아이가 모방할 수 있는 만큼 간단해야 한다.

◉ 중요한 낱말은 강조하기

아이들은 종종 문장 안에서 중요한 낱말들을 인지하는 데 어려움이 있다. 아이의 주의를 이끌어
내기 위해 특정 낱말을 강조한다.

- 중요한 낱말 앞에서 쉰다. 그리고 말 속도를 늦추며 강조하고 목소리 톤에 변화를 주자.
- 중요한 낱말을 이야기할 때 그리고 낱말과 그 의미를 강조할 때 제스처를 함께 사용하자. 예를
  들어, "너는 정말 큰 공을 가지고 있구나." 하고 이야기할 때 당신의 팔로 크게 원을 그린다.

◉ 반복하기

아이들은 여러 번 들을 때 더 잘 배운다. 아이가 배워야 할 제스
처와 낱말을 매일 여러 번 반복하여 모델링하자.

> ⚠️ 말과 제스처를 천천히 그리고 반
> 복해서 말하는 것이 이상하게 느
> 껴질 수 있다. 그러나 아이에게는
> 그렇게 하는 것이 좋아 보일 수
> 있다.

- 놀이를 하는 동안 동일한 구와 제스처를 반복하자. 예를 들
  어 "내려간다. 내려간다~" 또는 명확하며 중요한 낱말을
  반복할 수 있다. "자동차가 굴러가고 있네. 굴러가. 굴러간다. 빨리 굴러가네."
- 다른 상황에서 동일한 낱말과 제스처를 사용한다. 예를 들어, 손을 붙였다가 책처럼 펴며
  "책 펴자."라고 말한다. "문 열자." 하면서 동일한 움직임을 사용하고 아이가 원하는 물건이
  상자 안에 있을 때 "상자 열어."라고 말하며 다시 사용한다.

◉ 질문 피하기

질문하지 않는다. 대신에 코멘트를 하고 물건과 활동의 이름을 말해 준다. 이것은 아이에게 의사
소통할 수 있는 기회를 주고 아이가 사용할 수 있는 언어의 예를 알려 주는 것이다.

- 굳이 대답할 필요가 없는 질문들은 피한다. "재미있니?" 또는 "강아지를 보고 있니?"와 같은
  질문들이다.
- "공은 무슨 색깔이야?" "블록은 몇 개 가지고 있어?" 또는 "이 글자는 무슨 글자야?"와 같은
  아이의 지식을 알고자 하는 평가하는 질문을 피한다. 이러한 질문들은 아이가 주고받는 의
  사소통을 하는 데 도움이 되지 않는다.
- 당신이 묻고자 원하는 질문을 코멘트나 이름 말하기로 재구성한다. 〈표 3-3〉은 질문을 코

〈표 3-3〉 질문을 피하는 방법

······라고 질문하는 대신에	······라고 말하기
이 노래를 좋아하니?	이 노래를 좋아하는구나~
소년이 미끄럼틀을 타고 내려가고 있니?	소년이 미끄럼틀을 타고 내려가고 있구나.
나랑 놀래?	나는 너랑 놀고 싶어.

멘트로 재구성하는 예들이다.
• **새로운 의사소통 기술 가르치기**(제5장) 전략은 아이와의 주고받기 의사소통을 촉진하고 아이로부터 반응을 유도하는 질문을 하는 데 도움이 된다.

아이의 의사소통을 확장하기

당신은 어떻게 아이의 의사소통을 확장할 수 있는가?

새로운 낱말과 적절한 문법을 덧붙이면서 아이의 의사소통을 확장한다. 이 방법으로 당신은 아이의 말을 **직접적으로 교정하지 않고** 수정하고 완성할 수 있다.

• 정보를 추가하면서 아동의 말을 반복한다. 〈표 3-4〉는 새로운 낱말과 개념을 덧붙이는 몇 가지 예이다.
• 아동의 말을 반복한다. 그러나 적절한 문법을 사용하고, 적절한 낱말들을 강조하자. 〈표 3-5〉는 적절한 문법을 모델링해 줄 수 있는 몇 가지 예를 보여 주고 있다.
• 순차적으로 아동의 의사소통에 지속적으로 반응해준다.

[그림 3-2]에서 엄마는 Jimmy가 옷 입는 것을 도와주고 있다. 엄마가 "셔츠"라고 모델링해주면 Jimmy는 "셔츠"라고 말한다. 그러면 엄마는 "셔츠 입어."라고 확장해준다.

만약 아이가 아직 소리를 만들어 내지 못하면, 아이의 제스처를 확장하고 의사소통을 모델링 한다.

〈표 3-4〉 새로운 낱말을 덧붙여 언어를 확장하기

아이가 ······	당신은 ······
기차.	기차 밀어.
기차 밀어.	기차를 빠르게 밀어.
기차를 빠르게 밀어.	빨간 기차를 빠르게 밀어.
빨간 기차를 빠르게 밀어.	터널을 통과하는 빨간 기차를 밀어.

〈표 3-5〉 적절한 문법을 사용하여 언어를 확장하기

아이가 ……	당신은 ……
브…….	비눗방울.
아기 울어.	아기가 울고 있어.
주스 마셔.	주스를 마시고 싶구나.
아빠 바이바이 가다.	아빠가 바이바이 하고 갔어.

[그림 3-2] 모델링과 의사소통 확장하기

Jimmy의 엄마는 아이의 어휘를 증가시켜 주기 위해 반복적인 언어를 사용한다("셔츠." "셔츠 입어." "셔츠 입어.").

다음의 도표는 Jimmy의 엄마가 사용한 기법들의 순서를 보여 준다.

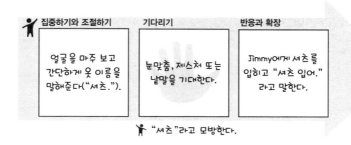

　다음 페이지의 '가정에서 해보기!'에 **모델링과 의사소통 확장하기**를 위한 아이디어가 있다. 이 장의 마지막 양식은 **의사소통 방법 조절하기**를 사용하는데 도움이 되는 실천계획표이다(**애니메이션처럼 표현하기**와 **모델링과 의사소통 확장하기**를 포함한다). 당신의 코치는 실천계획표의 윗부분을 완성할 수 있도록 도와주고, 가정에서 수행한 후에 아랫부분을 어떻게 완성할지 알려 줄 것이다.

가정에서 해보기! **모델링과 의사소통 확장하기**

아이가 ……   당신은 ……

장난감 놀이	
탑을 쌓고 있을 때	• 반복하여 물건의 이름을 말한다. (예: "블록…… 블록…… 빨간 블록이네.") • "큰 탑을 쌓고 있구나." 하고 아이가 하는 것을 묘사한다.
자동차 놀이를 하고 있을 때	• "차구나…… 큰 차네……. 크고 빨간 차구나." • "차를 밀고 있구나." "자동차가 트럭하고 부딪쳤네."라고 아이가 하는 것을 묘사한다.
이야기 시간	
책을 읽고 있을 때	• 책에 있는 그림을 가리키고 이름을 말해 준다. 물건, 행동, 장소 그리고 감정에 대해서 언급해 준다. • 사진을 묘사한다. 당신이 보는 것 그리고 캐릭터가 하는 것 또는 물건이 어디에 있는지 말한다. • 사진이나 물건에 대해 의견을 말한다.
식사 시간/간식 시간	
음식이나 간식을 먹을 때	• 아이가 먹는 것의 이름을 말해 준다. (예: "사과네…… 아삭아삭한 사과구나…… 빨간 사과네.") • 아이가 하는 행동을 묘사한다. (예: "사과 먹는구나…… 접시 위에 사과가 있네…… 사과 한 입 먹었구나.")
음식 준비를 도와주고 있을 때	• 당신이 사용하는 물건의 이름을 말해 준다. • 당신이 하고 있는 것을 묘사한다.
옷 입기	
옷을 입고 있을 때	• 당신이 아이에게 입히려고 하는 옷의 이름과 아이의 신체 부위의 이름을 말해 준다. (예: 아이에게 셔츠를 입힐 때 "셔츠야…… 빨간 셔츠…… 손에 끼우고…… 팔에 끼우고…… 머리에 끼우고…….") • 스스로 옷을 입고 있는 아이의 행동을 묘사한다. 만약 아이를 도와주고 있다면 당신이 하는 행동을 묘사한다. (예: "소매에 팔을 끼우고…… 다리에 부드러운 바지를 입고…… 발에는 파란 양말을 신고…….")

아이가 ……   당신은 ……

목욕시간	
목욕을 하고 있을 때	• 당신이 아이를 씻길 때 신체 부위 이름을 말해 준다. "팔…… 손…… 발." • 목욕용품 장난감의 이름을 말해 준다. "물레바퀴네…… 컵이네…… 크레용이야." • 당신이 아이를 목욕시킬 때 당신이 하고 있는 것을 묘사한다. "나는 너의 발가락을 씻고 있어." 또는 "나는 보트를 밀고 있어."
집안일 하기	
세탁을 도와줄 때	• 옷 이름을 말해 준다. "셔츠네…… 빨간 셔츠…… 크고 빨간 셔츠." '깨끗한, 더러운, 큰, 작은'과 같은 속성과 색깔을 말한다. • 당신이 하고 있는 것을 묘사한다. "나는 빨래를 나누고 있어…… 더러운 옷을 세탁기에 넣고 있어…… 건조기에 젖은 옷을 넣고 있어."
그릇 닦는 것을 도와줄 때	• 물건의 이름을 말해 준다. "접시……컵……포크." • 당신이 하고 있는 것을 묘사한다. "세척기에 더러운 접시를 넣고 있어…… 나는 노란색 접시를 씻고 있어."

실천계획표
의사소통 방법 조절하기

날짜:

계획하기

목표(들):

활동(들):

예상되는 어려운 점은 무엇인가요?

해결 방법:

집중하기와 조절하기   기다리기   반응과 확장

되돌아보기

잘 된 점은 무엇인가요?

어려운 점은 무엇인가요?

해결 방법:

제4장

새로운 의사소통 기회 만들기

제4장 새로운 의사소통 기회 만들기

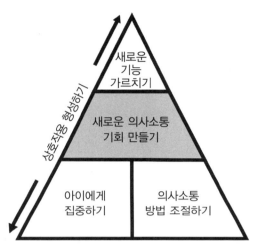

아이에게는 모방할 수 있는 기회를 그리고 당신에게는 아이의 주의를 얻을 수 있는 기회를 만들자.

놀이 방해하기
- 아이가 방해를 예상하게 하기
- 아이의 활동을 재미있게 방해하기

균형 잡힌 주고받기
- 아이가 차례를 기대하도록 도와주기
- 차례 지키기
- 당신 차례일 때 놀이를 모델링해 주기

의사소통 유혹하기
- 눈앞에 재미있는 사물을 두되 손이 닿지 않는 곳에 두기
- 아이가 좋아하는 물건을 가지고 있기
- 조금씩 주기
- 당신의 도움이 필요하도록 사물을 사용하기
- 활동이나 물건의 한 부분을 누락하기
- 우스운 상황을 만들기

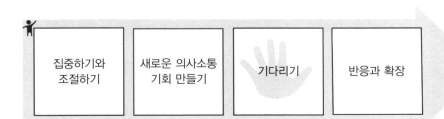

아이에게 집중하기와 의사소통 방법 조절하기는 참여하기의 기초를 세우는 것이다. 그러나 때로는 이 전략 자체만으로 아이가 사회적 의사소통을 시작하거나 당신에게 관심을 갖도록 하는 데 충분하지 않다. **새로운 의사소통 기회 만들기**(Create Opportunities), 즉 ImPACT F.A.C.T.S.의 C는 아이가 자발적으로 시작하지 않을 때 혹은 당신이 아이의 관심을 얻고 싶을 때 사용할 수 있다. 이 전략은 아이가 새로운 기능들을 학습하는 기회를 증가시킨다. **새로운 의사소통 기회 만들기** 전략에는 세 가지 기법이 있다. **놀이 방해하기, 균형 잡힌 주고받기, 의사소통 유혹하기**이다. 당신은 일상생활 루틴에 가장 적합하고 아이에게 좌절감을 거의 주지 않는 기법을 선택할 수 있다. 당신은 목표와 활동에 따라 다른 기법들을 사용할 수 있다.

아이에게 집중하기와 **의사소통 방법 조절하기** 전략을 사용하여 상호작용을 시작한다. 다음 페이지에 있는 도표에서 보여 주듯이 만약 아이가 시작하지 않거나 아이의 관심을 유도할 필요가 있다면, 당신은 **새로운 의사소통 기회 만들기**를 선택할 수 있다. 기회를 만들고 아이가 반응하기를 기다리자. 그리고 순차적으로 아이의 행동에 반응하고 확장하자. 상호작용의 2/3 정도는 이 전략을 사용하도록 한다.

이 시점에서는 아이가 이미 가지고 있는 기능을 사용할 수 있도록 기회를 만드는 데 집중한다. 당신은 제5장에서 아이가 아직 스스로 하지 않은 새로운 방법으로 의사소통하고 노는 데 도움이 되는 방법을 배우게 될 것이다.

놀이 방해하기

새로운 의사소통 기회 만들기의 한 가지 방법은 **놀이 방해하기**이다. 당신이 이 기법을 사용하면 아이의 놀이에 참여하고 재미있는 방법으로 놀이를 방해하면서 아이가 활동을 지속하도록 만들 수 있다. 당신의 몸, 장난감, 물건, 또는 운동 활동을 이용할 수 있다. **놀이 방해하기**는 아직 주고받기를 할 준비가 되지 않았을 때, 당신 차례인데 아이가 화를 낼 때, 또는 아이가 장난감을 잘 가지고 놀지 못할 때 도움이 된다. 당신은 이 기법을 다음의 목적으로 사용할 수 있다.

- 주고받는 상호작용 늘리기
- 아이가 요구하거나 방어하도록 도움 주기
- 아이의 관심 얻기

이제 **놀이 방해하기**의 핵심 요소를 이야기해 보자.

◎ 아이가 방해를 예상하게 하기

당신이 놀이를 방해하려고 한다는 것을 아이가 알 수 있도록 일관된 구(phrase)나 문장을 사용하고 제스처를 크게 한다. 이러한 행동은 아이가 무엇을 예상해야 하는지 알게 함으로써 화가 나지 않도록 해 준다. 또한 당신이 아이를 방해하기 전에 아이에게 방어할 수 있는 기회를 제공한다.

• 당신이 아이를 방해하려고 한다는 것을 아이가 알 수 있도록 구나 문장을 선택하자. 아이가 하고 있는 놀이를 방해하기 전에 즉시 그 구나 문장을 말하자. 〈표 4-1〉에는 당신이 놀이하는 동안 사용할 수 있는 몇 가지 구와 문장의 예이다.

> **?**
> 아이가 방해를 예상하도록 당신이 일관적으로 사용할 수 있는 문장은 무엇인가?

〈표 4-1〉 아이가 예상할 수 있게 사용할 수 있는 문장

아이가……	당신은 ……
기차를 밀고 있을 때	"내가 기차를 가지러 갈 거야……." "여기 문이 있네." "하나, 둘, 셋…… 멈춰!"
앞뒤로 밀고 있을 때	"내가 간다……." "잡으러 갈 거야." "멈춰…… 그리고…… 출발."

◎ 아이의 활동을 재미있게 방해하기

일관된 구나 문장을 사용한 후에, 아이가 하는 것을 재미있게 방해하거나 아이의 장난감을 가져가려고 재미있게 접근한다.

> **!**
> 만약 당신이 아이의 놀이를 방해하기 전에 사용하는 구나 문장에 아이가 반응한다면 그것이 바로 의사소통이 된다. '안 돼' '그만' '엄마'와 같은 언어를 아이에게 모델링해 주고, 놀이 방해하기를 멈춘다.

• 인형, 담요 또는 다른 장난감을 사용해서 아이의 장난감을 가져가거나 아이의 장난감 놀이를 방해한다. 당신이 직접 손을 사용하는 것보다 아이를 덜 화나게 한다.

> **?**
> 아이의 놀이를 재미있게 방해하는 다양한 방법은 무엇인가?

• 만약 아이가 목적 없이 돌아다니거나 앞뒤로 달리고 있을 때 당신은 아이가 가려는 길을 장난스럽게 방해할 수 있다.

• 즐거움을 유지하자. 놀이 활동에서 장애물을 만든다. 예를 들어, 만약 아이가 차를 민다면

당신은 차 앞을 다리로 막을 수 있다. 그리고 아이에게 말한다. "통나무가 길거리에 떨어졌네."

- 만화처럼 생동감 있게 표현하고 재미있게 활동하자!!

[그림 4-1]에서 Paul은 기찻길을 따라 기차를 밀고 있다. 아빠는 아이의 참여와 의사소통을 늘리기 위해 **재미있게 방해하기** 전략을 사용하고 있다. 다음의 도표에서 보여 주듯이, Paul의 아빠는 "여기 소가 있네." 하고 말하고, 장난감 소로 기찻길을 막으면서 Paul이 방해 전략을 예상하게 한다. Paul이 저항하면 아빠는 소를 움직이면서 "옮겨." 하고 말하면서 Paul의 의사소통을 확장한다.

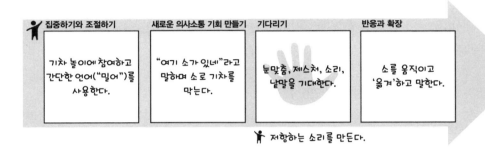

[그림 4-1] 놀이 방해하기

Paul의 아빠는 Paul과 의사소통하는 기회를 만들기 위해 기차의 움직임을 방해한다.
그리고 Paul이 "옮겨."라고 말하도록 언어를 모델링한다.

　다음 페이지의 '가정에서 해보기!'에는 **놀이 방해하기**에 대한 아이디어가 있다. 이 장의 마지막 양식은 **새로운 의사소통 기회 만들기** 전략에 해당하는 세 가지 기법을 모두 사용할 수 있는 실천계획표이다(**놀이 방해하기, 균형 잡힌 주고받기**와 더불어 당신이 배우게 될 **의사소통 유혹하기**를 포함한다). 당신의 코치는 실천계획표의 윗부분을 완성하도록 도와주며, 가정에서 실행한 후에 아랫부분을 어떻게 완성할지 알려 줄 것이다.

가정에서 해보기!　　**놀이 방해하기**

아이가……　　　　　　　　　　당신은 ……

장난감 놀이	
차를 밀고 있을 때	• "부릉부릉."이라고 말하고 다른 차로 아이의 차를 막는다. 아이의 반응을 기다린 후 차를 움직이면서 "움직이네." 하고 말한다.
도넛 모양의 링을 들고 있을 때	• "곰이 배고프대, 냠냠."이라고 말하고 동물인형으로 아이의 손에 있는 링을 가져간다. 반응을 기다린 후 아이의 손에 링을 돌려주고 "맛있다." 하고 말한다.
장난감 동물을 줄 세우고 있을 때	• "어디 가고 있어?"라고 말하며 담요, 스카프 또는 모자를 동물 중 한 개에 씌운다. 반응을 기다린 후, 동물인형 한 개를 집어들고 "여기 있네."라고 말한다.
공을 공굴리기 장난감 아래로 떨어뜨릴 때	• "음…… 잠깐만!" 하고 손을 공굴리기 장난감 위에 올린다. 그러면 아이는 공을 아래로 넣을 수 없을 것이다. 반응을 기다린 후 손을 움직이면서 "간다."라고 말한다.
활동 놀이	
카우치와 의자 사이를 왔다 갔다 할 때	• "내가 먼저 의자에 앉을 거야."라고 말하고 달려가서 의자에 앉는다. 반응을 기다린 후 의자에서 비키며 말한다. "엄마~ 움직인다."
목적 없이 돌아다닐 때	• "문을 닫아라~." 하고 팔을 느슨하게 아이를 감싸고 아이의 움직임을 막는다. 반응을 기다렸다가 아이를 놔주고 "문을 열어라."라고 말한다.
그네를 탈 때	• "하나, 둘, 셋…… 멈춰."라고 말하고 뒤에서 그네를 잡고 있는다. 반응을 기다린 후 그네를 밀면서 "간다." 하고 말한다.
미끄럼틀을 타고 내려갈 때	• "준비, 시작, 멈춰……."라고 말하고 손을 뻗어 미끄럼틀을 타고 내려가는 아이를 방해한다. 반응을 기다린 후 비키면서 "내려간다." 하고 말한다.

균형 잡힌 주고받기

새로운 의사소통 기회 만들기의 또 다른 방법은 **균형 잡힌 주고받기**(Balanced Turns)이다. 이 기법을 통해 아이와 놀면서 차례대로 주고받기를 할 수 있다. 주고받기는 발달적 기능이다. 아이들이 발달할수록 이 기능은 더 복잡해진다. 아이들은 발성 놀이에서 주고받기를 시작한다. 다음으로는 공 주고받기 놀이와 같은 구조화된 놀이에서 주고받기, 이후에는 장난감을 함께 나누거나 협상하는 것으로 발전한다. 이 기법은 장난감이 차례대로 제공될 때, 아이가 새로운 방법으로 노는 것을 보고 유익을 얻을 때 그리고 주고받기 자체가 목표가 될 때 도움이 된다. 어떤 아이들은 장난감으로 주고받기를 할 준비가 되어 있지 않다. 아이의 목표를 당신의 코치에게 이야기하자. 아이가 **균형 잡힌 주고받기**가 준비되었을 때, 당신은 다음의 목표로 이 기법을 사용할 수 있다.

- 주고받을 수 있도록 도와주기
- 요구하는 것을 가르치기

이제 **균형 잡힌 주고받기**의 핵심 요소를 이야기해 보자.

◉ 아이가 차례를 기대하도록 도와주기
주고받기를 하기 전에 항상 같은 낱말 혹은 구를 제스처와 함께 사용하여 아이가 차례를 기대하게 하자.

- 당신 차례가 되었을 때 가슴을 두드리면서 말한다. "엄마 차례야." 또는 "내 차례야." 아이의 차례가 되었을 때 아이의 가슴을 두드리면서 "Noah 차례야." 또는 "네 차례야."(아이의 차례를 의미함) 하고 말한다.
- 만약 아이가 대명사를 배우기 시작했다면 "내 차례야."(당신을 향하여 제스처를 하면서) 그리고 "네 차례야."(아이를 향해 제스처를 하면서) 하고 말한다.
- 만약 아이가 언어를 모방하기 시작했다면 "내 차례야."(아이에게 제스처를 하며) 하고 아이가 사용해야 할 언어를 모델링한다.

> **?** 아이가 당신의 차례라는 것을 알 수 있도록 사용할 수 있는 낱말, 구 혹은 제스처는 무엇인가?

?
차례 지키기가 잘 되는 활동 혹은 장난감은 무엇인가?

⌬ 차례 지키기

만약 아이가 방어하거나 도망가더라도 당신의 차례임을 확실하게 한다. 만약 당신이 아이가 소리 지르거나 저항할 때 장난감을 그대로 가지고 있도록 허용한다면, 당신은 아이에게 소란을 피우면 타인과 공유하지 않아도 된다는 가르치게 될지도 모른다.

- 당신의 차례는 짧게 유지한다. 어떤 아이들은 자신의 차례가 오기 전에 흥미를 잃을 수 있다. 그래서 어느 정도 기다릴 수 있는지 아이의 능력에 민감해야 한다.
- 시작할 때 당신의 차례는 단 몇 초여야 한다. 아이가 주고받기에 편안해질수록 당신은 당신의 차례 시간을 늘릴 수 있고 좀 더 자주 주고받기를 할 수 있다.
- 어떤 아이들은 장난감을 갖지 못하면 그 장난감을 영원히 갖지 못한다고 생각할 수 있다. 아이가 자리를 뜨더라도 장난감을 돌려주어 다시 그 장난감을 가질 수 있다는 것을 가르쳐 준다. 만약 아이가 반응하지 않는다면, 장난감을 아이 옆에 두자. 그리고 아이의 주도를 따라 다음 활동으로 넘어간다.

!
아무리 부모의 차례가 짧더라도 어떤 아이들에게 주고받기 활동은 어려운 시간일 수 있다. 이 경우에는 한 가지 장난감으로 주고받는 대신에 장난감을 서로 교환하자. 이것은 아이를 덜 좌절하게 하는 방법이다. 왜냐하면 아이는 장난감을 계속 가지고 있길 원하기 때문이다. 이때 다른 장난감보다 동일한 장난감으로 교환하는 것이 더 쉽다.

- 어떤 아이들은 장난감으로 주고받기를 할 준비가 되어 있지 않다. 이런 경우는 성인 혹은 다른 아이와 주고받는 것을 모델링해 준다.

⌬ 당신 차례일 때 놀이를 모델링해 주기

아이가 당신과 차례를 주고받을 수 있다면 장난감을 가지고 놀 수 있는 새롭고 흥미 있는 방법을 모델링한다. 당신은 아이에게 새로운 놀이 기술을 보여 줄 수 있다.

- 장난감으로 놀 수 있는 다른 방법을 아이에게 보여 준다. 예를 들어, 만약 아이가 장난감 자동차의 바퀴를 돌리고 있다면 당신은 자동차를 미는 것으로 모델링해 줄 수 있다.
- 아이가 좋아하는 장난감을 가지고 놀 수 있는 다른 모든 방법을 생각하자. 다음은 장난감 자동차를 이용해 여러 가지 방법으로 놀 수 있는 예이다.
  - 사람들 태우고 내리기
  - 경사로에서 자동차를 위아래로 밀기
  - 자동차를 세차하고 닦기
  - 주유하기

?
당신 차례가 되었을 때 당신이 모델링할 수 있는 새로운 놀이 기술은 무엇인가?

    – 공원과 같은 어떤 장소로 드라이브하기

    – 자동차 사고와 수리하기

• 〈표 4-2〉는 당신이 모델링해 줄 수 있는 놀이 활동을 선택하는 데 도움이 된다.

> **(!)** 장난감으로 놀 수 있는 다른 방법들을 배우려면 다른 아이들을 관찰하자

[그림 4-2]에서 Heather는 공을 가지고 놀고 있다. 다음의 도표는 엄마가 **균형 잡힌 주고받기**를 사용하는 단계를 보여 준다. 엄마는 먼저 제스처를 사용하여 Heather가 차례를 기대하도록 도와준 후 "내 차례."라고 말한다. 그리고 빨리 공을 가져간다. 아이가 공을 향해 손을 뻗으면 엄마는 아이에게 공을 준다. 그리고 Heather를 향해 제스처와 함께 "차례."라고 말하며 의사소통을 확장시킨다.

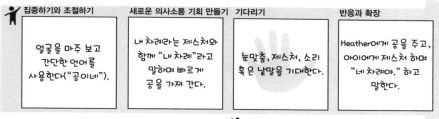

다음 페이지의 '가정에서 해보기!'에는 **균형 잡힌 주고받기**에 대한 아이디어가 있다. 이 장의 마지막에 있는 양식은 **새로운 의사소통 기회 만들기** 전략의 세 가지 기법(**놀이 방해하기, 균형 잡힌 주고받기**, 당신이 다음에 배우게 될 **의사소통 유혹하기**까지)을 사용하는 데 도움이 되는 실천계획표이다. 당신의 코치는 실천계획표의 윗부분을 완성하도록 도와주고, 가정에서 행한 후에 아랫부분을 어떻게 완성할지 알려 줄 것이다.

〈표 4-2〉 모델링 해주는 데 도움이 되는 놀이 유형

아이가……	당신은 ……	예
장난감과 물건을 탐험할 때	장난감을 모을 수 있다.	• 컵 안에 블록 넣기 • 컵을 안쪽으로 모으기 • 담요 아래 장난감을 숨기기
장난감과 물건을 모을 때	장난감 작동시키는 법을 보여 줄 수 있다.	• 팝업 장난감 가지고 놀기 • 공굴리기 장난감 아래로 공 넣기

장난감을 가지고 하는 행동을 이해할 때	물건을 가지고 무엇을 하는지 보여 준다.	• 경사로에서 자동차를 아래로 운전하기 • 공을 아이에게 굴리기 • 아이에게 뽀뽀하고 아기인형에서 뽀뽀하기
미니어처 장난감을 가지고 놀 때	가상놀이 하는 법을 보여 준다.	• 자동차가 더러운 척하고 블록으로 씻기 • 차를 컵에 따르는 척하기 • 곰인형이 무서운 척하기
장난감 및 기타 물건들로 가장할 때	장난감으로 이야기 만드는 법을 보여 준다.	• 기차가 고장 나서 수리가 필요한 척하기 • 장난감 음식으로 저녁을 준비하는 척하기
다른 캐릭터들로 가장할 때	이야기를 연출하는 법을 보여 준다.	• 아파서 병원에 가는 척하기 • 불이 나서 소방관인 척하기

[그림 4-2] **차례 지키기**

Heather가 공 주고받기를 하는 데 도움이 되도록 엄마는 제스처와
함께(손을 가슴에 대고) 기대를 표현하는 구로 말한다("내 차례.").

가정에서 해보기! 　**균형 잡힌 주고받기**

아이가……　　　　　　　　　당신은 ……

일어나는 시간	
잠을 깬 후 침대에 누워 있을 때	• 아이와 함께 침대에 누워 있다면 담요를 덮고 자는 척한다. 그리고 갑자기 일어난 척한다(애니메이션 기법을 사용하여 과장한다). 담요를 덮고 자는 척하는 것과 "일어나."라고 말하는 것을 당신과 번갈아 하도록 아이를 격려한다.
장난감 놀이	
자동차, 기차, 트럭 또는 헬리콥터와 같은 바퀴가 있는 장난감을 가지고 놀 때	• 아이가 차례를 기대하도록 도와준다. "엄마 차례야, 내 차례." 하고 말하며 제스처로 표현한다. • 자동차 세차하기 혹은 주유하기와 같은 새로운 가상 놀이를 모델링해 주고 차례를 주고받는다. • 반응을 기다리고 아이가 차례를 지키도록 한다. 그리고 아이의 의사소통 기능에 기반하여 "Johnny 차례야." "내 차례." 혹은 "네 차례야."라고 말한다.
활동 놀이	
그네, 미끄럼틀, 혹은 트램펄린 같은 놀이기구를 타고 놀고 있을 때	• 차례를 지켜 번갈아 가며 놀이기구를 탄다. 아이는 당신과 차례를 주고받으며 재미를 느낄 것이다.
이야기 시간	
책을 읽고 있을 때	• 번갈아 가며 페이지를 넘긴다. 그리고 책에 있는 그림을 가리킨다.
식사/간식 시간	
음식이나 간식을 먹고 있을 때	• 음식을 나누어 먹는다. 한 입 아이에게 주고 당신도 한 입을 먹는다. • 만약 아이가 혼자 먹을 수 있다면 큰 통밀과자처럼 당신이 조절할 수 있는 큰 음식을 사용하는 것이 도움이 된다. 또는 한 번에 한 조각씩 줄 수 있다. • "내 차례야." 혹은 "엄마 차례." 그리고 "네 차례." 또는 "Johnny 차례."라고 말한다.

의사소통 유혹하기

의소사통의 유혹하기 기법은 아이가 당신과 활동을 시작할 때, 활동을 지속하려고 당신을 찾거나, 아이가 원하는 것을 얻고자 하는 자연스러운 상황에서 할 수 있다. 이 기법은 식사나 간식 시간, 옷 입는 시간, 목욕 시간, 취침 시간과 같은 일상생활의 루틴에서 쉽게 사용할 수 있다. 이러한 상황을 미리 설정해 놓는 것이 종종 도움이 된다. 이 기법은 **놀이 방해하기**와 **균형 잡힌 주고받기** 대신에 사용할 수 있는데, 특히 아이의 놀이를 방해하는 것이 아이를 화나게 한 상황에서 사용될 수 있다. **의사소통 유혹하기**는 다음의 목표로 사용될 수 있다.

- 아이가 시작할 수 있는 기회 늘리기
- 아이의 관심 끌기
- 아이가 의사소통할 이유들을 확장하기

> **!** 어떤 유혹들은 요구하기, 저항하기 또는 주의 얻기와 같은 특정한 의사소통 이유들을 가르치는 것보다 더 좋은 방법이 될 수 있다. 어떤 유혹을 사용할지에 대한 선택은 활동이나 아이의 의사소통 목표에 달려 있다.

이제 **의사소통 유혹하기**에 대한 핵심 요소에 대해 이야기해 보자.

◉ 눈앞에 재미있는 물건을 두되 손이 닿지 않는 곳에 두기

아이가 좋아하는 것을 볼 수 있지만 높은 선반 같은 곳에 두어 가져갈 수 없게 한다. 이러한 상황은 아이에게 원하는 것을 보여 주고 아이가 도움을 요청하기 위해 당신의 관심을 끌도록 격려할 것이다. 주의: 물건은 아이가 올라갈 수 없는 곳에 두어야 한다!

> **?** 어떻게 아이가 좋아하는 물건을 눈앞에 두되 손에 닿지 않게 할까?

- 장난감을 열기 어려운 투명한 박스 안에 넣는다. 그리고 아이가 장난감을 보고 장난감을 갖기 위해 당신의 도움이 필요하도록 한다.
- 만약 아이가 매우 독립적이어서 스스로 음식, 장난감, 태블릿, 비디오를 가질 수 있다면 이러한 물건들이 있을 수 있는 장소에 놓고 잠가 놓는다. 이러한 전략은 아이가 자기 힘으로 원하는 것을 얻기보다 당신과 의사소통할 수 있도록 도와준다.

◉ 아이가 좋아하는 물건을 가지고 있기

아이가 주의집중하도록 그리고 자신이 원하는 것을 요청하도록 좋아하는 물건들을 조절한다.

- 당신에게서 멀어지면 아이가 원하는 물건을 잡을 수 없도록 제시한다.
- 물건을 바라보는 동안에 아이가 당신과 눈맞춤을 할 수 있도록 당신의 눈높이에서 물건을 제시한다.

> **(!)** 아이가 원하는 물건을 부모가 가지고 있는 것은 어떤 아이들에게는 시야나 손이 닿지 않는 곳에 두는 것보다 더 불만스러운 일이다. 왜냐하면 부모를 물건을 갖지 못하게 하는 방해자로 보기 때문이다. 만약 이러한 기술이 아이를 불만스럽게 만든다면 손이 닿지 않는 시야에 두자.

◉ 조금씩 주기

아이가 더 달라고 요구하도록 아이가 좋아하는 것의 일부분만 준다.

- 아이에게 적은 양을 주거나 아이가 요구하는 물건의 일부만을 주자. 그리고 아이가 의사소통하는지 기다리자. 예를 들어, 만약 아이가 크래커를 원하는지 당신이 알았다면 한 개만 주고 아이가 다른 한 개를 요구하도록 기다린다.

> **(?)** 비슷한 부품이 여러 개 있는 장난감 중 아이가 좋아하는 것은 무엇인가?

- 블록, 구슬, 레고 그리고 퍼즐과 같은 동일한 부분이 있는 장난감을 가지고 노는 동안에 한 번에 한 조각씩 아이에게 준다. 그리고 아이가 또 다른 조각을 원한다는 것을 알릴 때까지 기다린다.

> **(!)** 만약 당신이 조금씩 주었을 때 아이가 화를 낸다면 나머지를 아이에게 주고 **새로운 의사소통 기회 만들기** 기법을 사용하라.

- 아이가 그 물건을 볼 수 있는지 확인하자. 그리고 당신에게 더 요구할 수 있다는 것을 아이가 알 수 있도록 얼굴을 마주 보고 있어야 한다.

◉ 당신의 도움이 필요하도록 사물을 사용하기

아이가 도움을 요청할 수 있도록 약간의 도움이 필요한 장난감이나 물건을 사용하거나 활동을 한다.

- 당신의 도움이 필요한 물건이나 장난감을 사용하자. 이러한 것들에는 비눗방울, 탑 쌓기, 바람개비, 풍선, 속임수 게임, 체스 같은 것이 있다.

> **(?)** 아이가 좋아하는 물건이나 활동 중 당신의 도움이 필요한 것은 무엇인가?

- 활동을 시작한다. 그리고 아이가 활동하기를 더 요청하는지 보기 위해 멈춘다.
- 포장지 안에 있는 과자처럼 당신의 도움이 필요한 물건을 아이에게 준다.

◎ 활동이나 물건의 한 부분을 누락하기

빠진 부분을 발견하고 질문할 수 있도록 선호하는 활동의 부분 혹은 조각을 뺀다.

- 아이가 요구하는 재료 혹은 물건의 한 부분을 준다. 그리고 아이가 빠진 것을 요구하도록 기다린다. 예를 들어, 만약 아이가 주스를 요구하면 컵 없이, 아이가 열 수 없는 상자 안에 있는 주스를 준다. 그리고 아이가 컵을 요구할 때까지 기다린다. 만약 아이가 반응이 없으면 빠진 물건을 보여 준다.
- 〈표 4-3〉은 고의로 누락한 활동의 예이다.

> **?** 고의로 누락하여 할 수 있는 활동은 무엇인가?

> **!** 만약 아이가 활동의 루틴이나 일부분을 알지 못한다면 고의로 누락시키는 활동은 소용이 없다. 대신에 조금씩 주면서 개시를 늘리도록 하자.

〈표 4-3〉 고의로 누락해 할 수 있는 활동의 예

아이가……	당신은 ……
색칠하고 있을 때	아이에게 종이만 준다.
기차를 가지고 놀고 있을 때	기차는 모두 빼 놓는다.
인형의 집 놀이를 할 때	사람인형은 모두 빼 놓는다.

◎ 우스운 상황 만들기

루틴을 잘못된 방법으로 수행하여 아이가 올바른 방법을 보여 주거나 말하도록 격려한다.

- 아이를 기대하는 눈빛으로 바라보면서 웃기거나 확실하게 틀린 방법으로 어떤 일을 해 보자. 예를 들어, 신발을 발에 신지 말고 손에 끼운다. 아이와 함께 인형의 집 놀이를 할 때 침대 안에 아기 대신 음식을 넣는다.
- 예측할 수 있는 루틴의 부분을 바꾸어 보자. 예를 들어, 알파벳 노래를 부를 때 틀린 알파벳으로 노래를 부른다.
- 만약 아이가 우스운 상황에 반응하지 않는다면 큰 소리로 외치고(애니메이션처럼 표현하기를 사용한다) 기대하는 바대로 루틴을 완성한다.

> **!** 만약 아이가 그 루틴을 완성하기 위한 바른 방법을 이해하지 못한다면 다른 유혹을 사용하자.

[그림 4-3]과 다음 도표는 Todd의 엄마가 아이가 의사소통하도록 볼 수 있으나 손이 닿지 않는 곳에 물건을 두고 **새로운 의사소통 기회 만들기** 기술을 사용하는 것을 보여 준다. 엄마는 Todd가 좋아하는 장난감을 아이가 열지 못하는 유리병에 넣어 볼 수 있는 곳에 두었다. 엄마는 Todd가 항아리에 가는지 집중하고 아이가 의사소통하길 기다린다. Todd는 엄마의 손을 흔들고 "열어 줘."

라고 말한다. 엄마는 유리병을 열어 주고 "유리병 열어." 하고 확장해 준다.

[그림 4-3] 의사소통 유혹하기

Todd의 엄마는 아이가 열 수 없는 병 안에 좋아하는 장난감을 넣는다. 그리고 Todd가 의사소통할 기회를 만들어 준다.

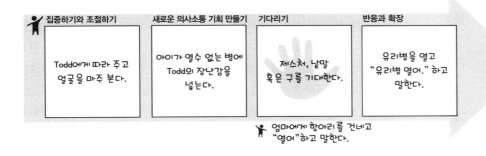

집중하기와 조절하기	새로운 의사소통 기회 만들기	기다리기	반응과 확장
Todd에게 따라 주고 얼굴을 마주 본다.	아이가 열 수 없는 병에 Todd의 장난감을 넣는다.	제스처, 낱말 혹은 구를 기대한다.	유리병을 열고 "유리병 열어." 하고 말한다.

엄마에게 항아리를 건네고 "열어"하고 말한다.

　다음 페이지의 '가정에서 해보기!'에는 **의사소통 유혹하기**를 위한 아이디어가 있다. 이 장의 마지막 양식은 **새로운 의사소통 기회 만들기**의 세 가지 기법(**놀이 방해하기, 균형 잡힌 주고받기, 의사소통 유혹하기**)을 사용하는 데 도움이 되는 실천계획표이다. 당신의 코치는 실천계획표의 윗부분을 완성할 수 있도록 도와줄 것이며, 가정에서 연습한 후 아랫부분을 완성하도록 도와줄 것이다.

가정에서 해보기!   **의사소통 유혹하기**

아이가……   당신은 ……

식사/간식 시간	
식사하거나 간식을 먹을 때	• 음식을 조금 주고 아이가 요구하도록 기다린다. 음식이 접시에 남아 있는 것을 보면 아이는 음식을 더 가져갈 수 있음을 알 것이다. • 큰 물주전자에서 아이의 컵에 물을 조금 따라 준다. 식탁 위에 큰 물주전자를 올려두고 아이가 더 마실 수 있음을 알게 한다. • 아이가 주스를 요구할 때 주스병을 주고 컵은 주지 않는다. 아이가 컵을 요구하는 제스처 혹은 낱말을 사용하는지 기다린다. 만약 아이가 요구하지 않으면 아이가 컵을 볼 수 있게 한다.
준비할 필요가 있는 음식을 좋아할 때	• 포장지에 싸여 있는 스낵을 준다. 그리고 포장지를 열기 위해 도움을 요청하도록 기다린다. • 음식을 통째로 주고 당신에게 잘라 달라고 요구하도록 기다린다.
당신과 식사하고 있을 때	• 냅킨을 먹는 척한다. 그러면 아이가 음식을 먹으라고 당신에게 말할 수 있다. 당신이 바보인 것처럼 애니메이션처럼 표현하기를 사용하고 기다린 후 말한다. "앗, 이건 먹을 수 없는데, 난 음식이 필요해!"
옷 입기	
옷을 입고 있을 때	• 아이가 볼 수 있도록 두 개의 셔츠를 둔다. 그리고 아이가 특정 셔츠를 요구하는지 기다린다. • 양말을 한 짝만 두고 아이가 다른 한 짝을 요구하는지 기다린다. • 신발을 아이의 발에 신기지 않고 손에 넣는 것처럼 한다. 기다리면 아이가 올바른 방법을 이야기해 줄 수 있다. 당신이 바보인 것처럼 애니메이션처럼 표현하기를 사용하고 말하라. "와, 신발이 네 발로 들어갔네!"
옷을 벗고 있을 때	• 아이의 신발을 벗기기 전에 양말을 벗기는 척한다. 기다리면 아이가 올바른 방법을 이야기해 줄 수 있다. 당신이 바보인 것처럼 애니메이션처럼 표현하기를 사용하여 보여 주고 기다린 후 말한다. "앗, 먼저 신발을 벗어야 하는데."
목욕 시간	
욕조에서 장난감을 가지고 놀고 있을 때	• 욕조 위 선반에 아이가 좋아하는 목욕 장난감을 손이 닿지 않도록 둔다. 그러면 아이는 그것을 얻기 위해 당신에게 도움을 요청할 수 있다. • 뚜껑이 있는 깨끗한 플라스틱 안에 장난감을 넣고 기다린다. 그러면 아이는 그것을 열기 위해 당신에게 도움을 요청할 수 있다. • 아이에게 작동하는 목욕 장난감을 주고 기다린다. 그러면 아이는 그 장난감이 작동할 수 있도록 당신에게 도움을 요청할 수 있다.

아이가……　　　　　　당신은 ……

씻고 있을 때	• 몸의 한 부분만 씻겨 주고 기다린다. 그러면 아이는 씻겨 달라고 당신에게 요구할 수 있다.
취침 시간	
취침시간에 이야기를 듣고 있을 때	• 잠들기 전 아이가 좋아하는 이야기를 한 페이지만 읽고 기다린다. 그러면 아이는 페이지를 넘기길 요구할 수 있다.
자장가를 듣고 있을 때	• 아이가 좋아하는 자장가 몇 줄만 노래하고 기다린다. 그러면 아이는 당신에게 계속 부르라고 요구할 수 있다.

실천계획표
새로운 의사소통 기회 만들기

날짜:

계획하기

예상되는 어려운 점은 무엇일까요?

해결 방법:

목표(들):

활동(들):

집중하기와 조절하기

새로운 의사소통 기회 만들기

기다리기

반응과 확장

되돌아보기

해결 방법:

잘된 점은 무엇인가요?

어려운 점은 무엇인가요?

제5장

새로운 기능 가르치기

제5장 새로운 기능 가르치기

아이에게 새롭고 좀 더 복잡한 사회적 의사소통 기능을 가르치자.

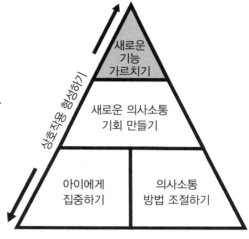

촉진과 보상

- 아이에게 동기가 부여되었는지 확인하기
- 아이가 현재 하고 있는 행동과 관련된 좀 더 복잡한 기능 촉진하기
- 촉진을 명확하게 제시하기
- 촉진 제공 후 기다리기
- 필요한 경우 추가 지원하기
- 시간 경과에 따라 지원 줄이기
- 요구한 것을 아이가 하도록 만들기
- 즉시 보상하기
- 자연스러운 보상 사용하기
- 긍정적인 행동에만 보상하기

의사소통 촉진하기

- 시간 지연
- 질문하기
- 완전하지 않은 문장(fill-in-blank sentence) 사용하기
- 선택할 기회 주기
- 아이가 모방할 수 있는 언어 모델 제시하기
- 언어적 루틴(verbal routine) 사용하기
- 아이가 모방할 수 있는 제스처 모델 제시하기
- 신체적 안내 제공하기

의사소통 이해 촉진하기

- 구두 지시어 사용하기
- 제스처를 이용해 촉진하기
- 아이가 모방할 수 있는 행동 모델 제시하기
- 신체적 안내 제공하기

모방 촉진하기

- 아이가 모방할 수 있는 행동 모델 제시하기
- 신체적 안내 제공하기

놀이 확장 촉진하기

- 아이의 활동 진술하기
- 질문하기
- 선택할 기회 주기
- 구어로 지시하기
- 아이가 모방할 수 있는 행동 모델 제시하기
- 신체적 안내 제공하기

| 아이에게 집중하기와 의사소통 방법 조절하기 | 새로운 의사소통 기회 만들기 | 기다리기 | 촉진 | 보상과 확장 |

이전 장에서는 아이가 의사소통을 시작하고 참여하는 데 도움이 되는 기능인 **아이에게 집중하기, 의사소통 방법 조절하기, 새로운 의사소통 기회 만들기** 등에 대해 살펴보았다. 이는 프로젝트 ImPACT F.A.C.T.S. 중 F와 A 그리고 C에 해당한다. F, A, C 파트에서 아이는 새로 익히거나 복잡한 기능은 사용하지 않으며, 시작 행동에 대해 즉각적으로 피드백을 받고, 시작 행동을 확장해 간다. 그러나 이러한 전략은 사회적 의사소통에 어려움이 있는 대부분의 아이가 새로운 기능을 익히는 데는 충분한 도움이 되지 못한다. 이 프로그램 F.A.C.T.S. 중 **T** 파트는 **새로운 기능 가르치기**에 관한 것이다. 촉진과 보상 방법을 사용하여 아이가 의사소통하고 놀이하는 데 사용할 새롭고도 조금은 복잡한 방식을 사용하도록 가르친다.

이전까지의 상호작용에서는 아이에게 집중하고, 의사소통 방법을 조정하고, 기회를 주고, 반응 또는 상호작용을 시작할 때까지 기다려 주는 방식이 사용되었다. 그러나 지금부터는 아이가 하는 어떤 행동에 반응해 주기보다 아이를 촉진하는 방식이 사용될 것이다. 이전에 제시된 도표에서 살펴보았던 것처럼, 아이에게 단서를 제시하고, 아동이 새로운 특정 기능을 사용하도록 안내하고, 아이가 행동할 때까지 기다린다. 아이가 특정 기능을 사용할 때, 아이에게 보상을 주고, 아이의 행동 반응을 확장시켜 준다.

아이가 새로운 기능을 사용하도록 촉진할 때, 아이는 낙담할 수 있다. 왜냐하면 규칙이 변경되었고, 아이가 원하는 것을 얻기 전에 새로운 기능을 사용해야 하기 때문이다. 이런 일이 발생하더라도 걱정은 하지 말자. 아이에게 기대되는 새로운 행동을 아이가 아직 이해하지 못했기 때문이며, 이러한 좌절 반응은 일반적으로 종종 일어난다. 아이가 자신에게 기대되는 행동이 무엇인지 이해하게 되면 대부분 이러한 좌절은 금세 감소한다. 아이를 가르치는 동안 아이가 이러한 좌절감을 느끼지 않도록 하는 가장 좋은 방법은 일관성을 유지하는 것이다. 아이에게 이러한 기능을 지속적으로 가르치면, 아이는 자신에게 기대되는 새로운 기능을 빨리 배울 수 있고, 아이의 좌절감은 더 빨리 감소한다.

아이가 실망하지 않도록, 아이와의 상호작용 시간 중 1/3만 이 전략을 사용하자. 그리고 나머지 시간은 아이에게 새로운 기능을 하도록 요구하지 않고 아이의 상호작용 시작 행동에 계속해서 반응하자.

이 장의 첫 번째 부분에서는 촉진과 보상을 사용하는 방법을 다룬다. 그리고 나머지 부분에서는 **의사소통 촉진하기, 의사소통 이해 촉진하기, 모방 촉진하기, 놀이 확장 촉진하기** 등 촉진 방법을 소개한다. 이 장에서 기술된 촉진이 유아에게 적용하기에는 아직 이를 수 있다. 코치의 도움을 받아 아이에게 적용하기에 가장 적절한 촉진을 선택하자.

촉진과 보상

촉진은 아이가 새로운 기능에 반응하도록 도움을 주는 단서이다. 아주 약간의 힌트를 주는 것에 서부터 신체적 안내까지 촉진은 매우 다양하다. 촉진은 아이가 자신에게 기대되는 것이 무엇인 지 이해하고, 반응을 하고, 좌절감을 느끼는 것을 예방하는 데 도움이 된다. **보상**(강화로 불리기도 함)은 아이가 새로운 기능을 성공적으로 사용할 때 아이에게 주어지는 긍정적인 결과이다.

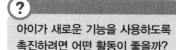
아이가 새로운 기능을 사용하도록 촉진하려면 어떤 활동이 좋을까?

당신의 미소, 웃음, 관심, 당신과 함께 재미있게 활동하기, 좋아하는 장난감 함께 가지고 놀기 등 아이가 좋아하는 모든 것이 보상이 될 수 있다. 아이에게 도움을 주거나 또는 새롭거나 좀 더 어 려운 것을 요구할 때, 아이에게 보상을 제공해야 한다. 이는 아이가 다시 새로운 기회를 사용할 기회를 증가시킨다. 다음의 내용은 촉진과 보상을 효과적으로 사용하는 데 도움이 된다.

아이에게 동기가 부여되었는지 확인하기
아이가 새로운 기능을 익히도록 촉진하는 가장 좋은 시기는 좋아하는 일을 할 때이다. 동기가 없거 나 도움이 될 만큼의 충분한 촉진을 지원받지 못하면 좌절감을 느끼거나 활동에서 벗어날 수 있다.

- 아이가 활동에 참여하려는 동기가 생겼다면, 새로운 기능 을 익히도록 촉진하자. 아이에게 집중함으로써 아이가 활 동에 관심이 있는지 확인할 수 있다.
- 아이가 활동에 관심이 없거나, 즐거워하지 않거나, 좌절하 거나, 피곤하거나, 아플 경우에는 새로운 기능을 촉진하지 말자.

아이가 활동에 참여하지 않거나 동기화되지 않는다면, 다른 활동 을 제안하거나, 아이에게 집중하 기 기능을 사용하거나, 의사소통 방법을 조절하자.

아이가 현재 하고 있는 활동과 관련된 좀 더 복잡한 기능 촉진하기
아이가 가장 잘 배울 수 있도록 돕기 위해 아이가 현재 하고 있는 활동과 관련되지만 현재보다는 약간 복잡한 수준의 기능을 사용하도록 촉진하자. 아이가 소방차를 가지고 노는 상황에서 아이 의 이름을 물어보거나 아이에게 플래시 카드에 그려진 사물의 이름을 말해 보라고 하는 것처럼 현재 아이가 하는 활동과 관련되지 않은 기능을 촉진한다면 아이가 반응할 가능성은 훨씬 적다.

- 아이의 현재 의사소통 및 놀이 기능을 고려하여 다음 단계 수준의 기능에 도달하기 위해 한

단계만 움직이자. 예를 들어, 아이가 사과를 가리키기는 하지만 단어로 표현하지 않는다면, 아이가 '아' 소리를 내려고 하거나, 단어로 말하려는 노력을 하거나(완전한 단어는 아니지만 적어도 '사'로 말하려고 노력), 단어를 표현하는 특정 제스처(손가락을 입에 가져다 대어 '먹는다'를 표현)를 하도록 촉진하자.

- 사물, 장난감, 아이가 현재 참여하고 있는 활동 등을 촉진으로 사용하자. 예를 들면, 아이가 블록을 가지고 놀고 있을 때, 블록의 일부만 가지게 놀게 하고 몇 개의 블록을 촉진제로 사용하자. 아이에게 블록을 건네주기 전 아이가 "블록."이라고 말하거나 제스처를 하도록 촉진하자.

- 아이가 현재 사용하고 있는 사물과 관련한 의미 있는 기능을 사용하도록 하자. 예를 들어, 아이가 공을 굴린다면 공의 색깔을 말하게 하기보다는 "공을 굴려!"라고 말하도록 촉진하자.

> **?**
> 아이가 사용하길 바라는 언어 기능 또는 놀이 기능은 무엇인가?

- 조금은 복잡한 언어 기능과 놀이 기능을 아이에게 모델링하는 것은 아이가 이 기능을 사용하도록 촉진시키는 좋은 방법이다.

- 무엇을 촉진할 것인지를 결정할 때는 이미 설정해 둔 목표를 참고하는 것이 유용하다. 또한 제1장에 제시된 사회적 의사소통 발달 지표(〈표 1-1〉～〈표 1-4〉)를 참고할 수도 있다.

촉진을 명확하게 제시하기

촉진을 명확하게 제시한다면, 아이는 자신에게 요구되는 것이 무엇인지를 좀 더 쉽게 이해할 것이다. 이는 아이가 좌절하지 않도록 하는 데 도움이 된다.

- 촉진을 제공하기 전에 잠시 멈추기
- 아이가 관심을 갖도록 하고 단순한 표현으로 말하기
- 한 번에 하나의 촉진만 사용하기. 여러 가지 촉진을 함께 사용하지 말고, 조금씩 질문을 바꾸어 하자. 예를 들면, "이 블록 갖고 싶니?"(목표 대답: "네."), "내가 어떻게 해 줄까?"(목표 대답: "블록 주세요."), "'블록 갖고 싶어요.'라고 말해 보자."(목표 대답: "블록이 갖고 싶어요.")

촉진 제공 후 기다리기

새로운 의사소통 기회 만들기 기법을 사용할 때 아이가 반응할 때까지 기다려 줘야 한다는 것을 배웠듯이, 촉진을 제공한 후 또한 기다려야 한다.

- 아이가 반응할 시간을 충분히 준다. 다른 촉진을 제공하기 전에 속으로 천천히 다섯까지 세

어 보자. 어떤 아이는 반응하는 데까지 걸리는 시간이 길 수도 있다.

- 촉진을 너무 빨리 제공할 경우 아이가 좌절하고 스스로 반응하는 방법을 익히지 못할 수 있다.

> 얼마나 기다려야 하는가는 아이의 기능, 동기, 기분에 따라 달라진다. 코치와 상의하여 촉진을 한 후 다음 촉진을 제시할 때까지 얼마의 시간 동안 기다려야 하는지 알아본다.

◉ 필요한 경우 추가 지원하기

촉진은 가장 도움이 되는 것부터 가장 덜 도움이 되는 것까지 제공하는 지원의 양에 따라 다르다. 아이가 독립적으로 수행하도록 도우려면 아이가 올바르게 반응하는 데 필요한 최소한의 촉진을 제공하자. 새로운 기능을 촉진한 후에도 아이가 성공하지 못하면 아이에게 더 많은 지원을 제공할 수 있다. 우리는 이를 '세 가지 촉진 규칙'이라고 부른다.

- 필요하면 더 많은 지원을 제공하여 아이가 세 번째 촉진에서는 성공할 수 있도록 한다.

> 어떤 아이는 새로운 기능을 배우는 것을 거부할 수 있다. 그러나 괜찮다! 아이의 감정을 고려해서 의사소통 모델을 보여 줄 수도 있고, 아이가 필요로 할 때 좀 더 도움이 되는 촉진을 제공할 수 있다.

  – 도움의 정도가 가장 적은 촉진부터 제공한다.
  – 만약 아이가 반응하지 않으면 촉진을 반복하거나 도움의 정도가 중간인 촉진을 사용한다.
  – 아이가 여전히 반응하지 못한다면, 도움의 정도를 높여 성공적으로 반응할 수 있도록 한다.
  – [그림 5-1]에는 아이가 새로운 의사소통 기능(가리키기부터 요청하기까지)을 사용하도록 촉진할 때 유용한 추가 지원 방법이 제시되어 있다.
- 세 가지 촉진 규칙은 일반적인 지침일 뿐이다. 만약 아이의 동기가 매우 높으면 올바른 반응을 이끌기 위해 3번 이상 촉진할 수 있다. 반면 의욕이 없거나 쉽게 좌절한다면, 3회 미만의 촉진 후에 아이가 성공하도록 도와야 할 수도 있다.

◉ 시간 경과에 따라 지원 줄이기

아이에게 제공했던 도움은 아이 스스로 새로운 기능을 사용할 때까지 조금씩 줄여 간다.

- 아이가 새로운 기능을 사용하기 시작할 때에는 도움의 수준이 높은 촉진을 사용하자. 처음에는 아이가 필요로 하는 도움의 단계를 결정하는 데 코치의 도움을 구할 수 있다.
- 한 번의 촉진에 아이의 반응이 성공적이라면 도움의 수준을 조금 줄인다.

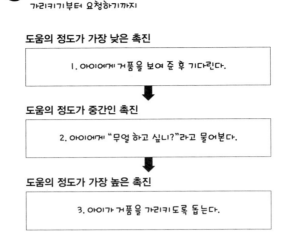

◎ **더 복잡한 반응:**
가리키기부터 요청하기까지

도움의 정도가 가장 낮은 촉진
> 1. 아이에게 거품을 보여 준 후 기다린다.

▼

도움의 정도가 중간인 촉진
> 2. 아이에게 "무얼 하고 싶니?"라고 물어본다.

▼

도움의 정도가 가장 높은 촉진
> 3. 아이가 거품을 가리키도록 돕는다.

[그림 5-1] 아이가 새로운 의사소통 기능을 사용할 수 있도록 지원을 추가하는 예

- 촉진을 제공함에도 아이가 새로운 기능을 사용하지 않는다면, 조금 더 도움이 되는 촉진을 제공한다.
- 활동 내에서 또는 활동과 활동 사이에 사용한 촉진의 유형을 바꿔서 아이가 매번 동일한 것을 기대하지 않도록 한다.

◉ 요구한 것을 아이가 하도록 만들기

새로운 기능을 아이에게 가르치는 경우, 아이에게 보상을 주기 전 아이가 촉진에 반응하길 기대한다. 이러한 방식으로 아이는 새로운 기능을 사용하는 것이 자신에게 요구되는 것임을 배운다.

- 아이가 특정한 새로운 기능을 사용하도록 촉진하는 경우, 아이 스스로 또는 도움을 받아 새로운 기능을 사용하려고 할 때까지 보상은 제공하지 말자. 아이가 촉진에 반응하지 않는 경우, 도움의 정도를 조금 높인 촉진을 제공하자. 예를 들어, 아이에게 'Ball(공)'이라는 단어를 말하도록 세 번 촉진한 경우, 아이는 "Ball."이라고 말을 하거나, "Buh."라

> ! 만약 바람직한 시도를 하지 않는 경우에도 보상을 받는다면, 아이는 열심히 노력할 필요가 없다는 것을 알게 되고, 반응하려는 노력을 하지 않는 일이 다시 발생할 수 있다.

고 말하는 바람직한 시도를 하거나, 당신의 도움을 받아 공을 가리킬 것이다. 이때 아이가 "Ball."이라고 말했을 때만 보상으로 공을 준다.
- 기대했던 반응이 정확히 나오지 않더라도 바람직한 시도에 대해 보상해 주는 것은 괜찮다. 예를 들어, 아이가 거품에 손을 뻗고 "거품."이라고 말하도록 촉진받은 경우, 아이가 "아."라

고 말하거나 명확하게 가리키는 등 바람직한 시도를 한다면 보상으로 거품을 불게 해 줄 수 있다.

◉ 즉시 보상하기

즉시 보상해 주는 것은 아이가 자신의 행동과 이후 일어날 일을 연결 짓는 데 도움이 된다.

- 아이가 새로운 기능을 사용하는 즉시 보상하자. 몇 초 이내에 보상하려 노력하자. 예를 들어, 아이에게 트럭을 가져오라고 했을 때 아이가 그것을 가져왔다면 트럭을 가지고 아이와 함께 바로 놀이를 한다.
- 아이가 원하는 것을 주기 이전에 한 가지 이상의 반응을 하도록 요구하지 말자. 이는 아이를 좌절시킬 수 있기 때문이다. 또한 아이는 자신의 의사소통이 효과적이지 않다는 것으로 배울 수 있다. 예를 들어, "주스 마실래?"라고 물었을 때, 아이에게 주스를 가리킨 다음 "네."라고 대답하도록 요구하지 않는다. 연습 장면에서는 두 기능 모두를 요구하기보다 가리키기를 하거나 질문에 대답하는 것 중 하나를 선택한다.
- 각각의 반응에 대해 보상하는 경우, 하나의 활동 안에서 여러 번 새로운 기능들을 사용하도록 아이를 촉진할 수 있다. 보상을 작은 부분으로 나누고, 아이가 새로운 기능을 사용할 때마다 보상해 주자. 예를 들어, 아이에게 크래커를 보상으로 주는 경우 아이가 새로운 기능을 사용하면 크래커 일부를 잘라 준다.
- 아이에게 보상하는 경우, 조금은 복잡한 수준의 의사소통 기능이나 놀이 기능을 모델링하여 아이의 반응을 계속해서 확장시키자. 예를 들어, 촉진 후 아이가 "차 운전하고 싶어요."라고 말한다면 아이에게 차를 준 후 "나는 차를 아주 빠르게 운전하고 싶어요."라는 말을 들려준다.

◉ 자연스러운 보상 사용하기

보상은 아이의 행동, 활동, 또는 의사소통과 관련될 때 자연스럽다. 자연스러운 보상은 아이가 일상 활동 중 적절한 행동을 할 가능성을 높인다.

- 아이가 하거나 말하는 것과 관련된 무언가로 보상하자. 예를 들어, 아이가 장난감 자동차를 보고 있고 "자동차."라고 말하도록 촉진되는 경우, 아이에게 주어지는 보상은 자동차를 가지고 노는 것이다. 이제 앞으로 "자동차."라고 말할 가능성은 더 커진다. 이러한 보상은 아이가 "자동차."라고

? 일상 활동이나 놀이 도중 아이가 새로운 기능을 사용하는 경우, 아이에게 줄 수 있는 보상은 어떤 것이 있을까?

말하고 사탕 한 조각을 받는 것보다 더 자연스러운 보상이다.

- 아이에게 집중함으로써 그 순간 무엇이 바람직한 보상이 될 수 있는지 좋은 아이디어를 떠올릴 수 있다.
- 몇 가지 기능을 가르치는 상황에서 아이가 하는 행동과 관련된 보상을 제공하는 것이 항상 가능한 것은 아니다. 새로운 기능을 사용하기 위해 좋아하는 장난감, 활동 또는 간식과 같은 추가적인 보상을 주어야 할 수도 있다. 추가로 보상을 주는 시기를 결정할 때는 코치의 도움을 받자.

◉ 긍정적인 행동에만 보상하기

보상은 뒤따르는 행동을 증가시킨다. 따라서 아이가 당신이 보길 원하는 행동을 했을 때에만 보상한다.

- 바람직하지 않은 행동에는 보상하지 말자. 왜냐하면 아이는 원하는 것을 얻기 위해 계속해서 바람직하지 않은 행동을 사용할 수 있기 때문이다. 아이가 화가 난 것을 인지할 수 있다. 그러면 아이의 상태를 되돌릴 수 있고, 새로운 활동을 제안할 수도 있다. 예를 들어, 아이가 소리를 크게 지르는 것이 부모가 원하는 행동이 아니라면, 아이에게 보상이 될 수 있는 기차를 주지 말아야 한다.
- 적절한 타이밍에 일관되게 보상을 주기 위해서는 연습이 필요하다. 필요한 경우, 코치에게 추가적으로 도움을 구하자.

이 장의 마지막의 첫 번째 양식은 촉진과 보상을 제공하는 데 유용한 실천계획표이다. 코치에게 도움을 받아 실천계획표의 윗부분을 작성하고, 집에서 연습한 후 아랫부분을 작성하자.

의사소통 촉진하기

촉진과 보상을 사용하여 새로운 기능을 가르치는 방법의 기본 사항을 익혔다면, 이러한 전략을 사용하여 아이에게 새로운 의사소통 기능(예: 제스처, 단어, 단어 조합 또는 문장)을 사용하도록 가르칠 수 있다. 이러한 의사소통 기능을 사용하면 아이가 자신의 욕구를 충족시키기 위해 하는 부적절한 행동을 줄일 수 있다. 다음 제시된 것은 아이가 증가시켜야 할 바람직한 의사소통 행동이다.

- 제스처 제시하기
- 구어 사용하기
- 비구어 및 구어 함께 사용하기
- 의사소통해야 하는 이유

의사소통하도록 아이를 촉진하는 경우, 아이가 동기를 갖도록 먼저 아이에게 집중하고 의사소통을 조절한다. 아이가 스스로 의사소통을 시작하지 않는 경우, 의사소통 시작의 기회를 만들어 주는 기법을 사용하고는 아이가 의사소통하도록 기다린다. 그런 다음 새롭거나 좀 더 복잡한 의사소통 기능을 사용하도록 유도한다. 부모의 도움을 받았더라도 아이가 새로운 의사소통 기능을 사용한다면 아이가 원하는 물건이나 활동을 보상으로 제공한다. 바람직한 시도 후에만 보상하고 부적절한 행동에 대해서는 보상하지 않는다는 것을 기억하자.

?

아이의 현재 의사소통 기능보다 약간 더 복잡하고 새로운 기능은 무엇일까?

- 아이가 의사소통할 때까지 기다리자. 그런 다음 현재 아이의 행동과 관련되지만 첫 번째 의사소통보다는 좀 더 복잡한 기능을 사용하도록 촉진한다.
- 〈표 5-1〉과 아이 목표를 활용하여 촉진해야 할 새로운 의사소통 기능을 결정하자.
- 〈표 5-2〉에는 의사소통을 촉진하는 데 사용할 수 있는 다양한 방법이 있다. 도움이 가장 적은 촉진부터 가장 많은 것까지 다양하다.
- 아이가 올바르게 반응하는 데 필요한 최소한의 지원이 제공되는 촉진부터 제시하자. 만약 이 촉진을 사용하여도 아이가 새로운 의사소통 기능을 사용할 수 없다면, 아이가 성공할 수 있도록 보다 더 도움이 많은 촉진을 제공한다.

〈표 5-1〉 의사소통 방식에 따른 촉진 선택하기

아이가 ……할 때	당신은 ……을 할 수 있다	예
눈맞춤 또는 전의도적 제스처 사용	의도적인 제스처, 한 단어 촉진	• 가리키기 • '열다' 또는 '내 차례'라는 의미의 제스처 • "밀어." 또는 "자동차."
의도적 제스처 사용, 한 단어 산출	한 단어, 단어 조합 촉진	• "공." • "공 던져."
두 세 단어 조합	단순한 문장 촉진	• "크래커 주세요." • "간지럼 더 태워 주세요."
단순한 문장 사용	진술이 포함된 복잡한 문장 촉진	• "내 빨간 셔츠 입으세요." • "찬 물 틀어 줘."
복잡한 문장 사용	시간이나 감정과 같은 언어적 개념이 포함된 복잡한 문장 촉진	• "점심 먹고 밖에 나가자." • "브로콜리 먹는 거 싫어요."

〈표 5-2〉 의사소통 촉진의 유형

촉진 유형	기능	예
시간 지연	아이 스스로 좀 더 복잡한 의사소통 기능을 사용하도록 기대에 찬 표정을 지으며 기다린다. 만약 약 10초 이내 아이가 반응하지 않으면 좀 더 지원적인 촉진 방법을 추가한다.	• 주스를 다 마신 후 더 달라는 의미로 쳐다볼 때, 아이가 주스를 가리킬 때까지 주스 컵을 들고선 기다린다. • 아이가 "자동차."라고 말하면, "나 자동차 갖고 싶어요."라는 말을 할 시간을 주며 기대에 찬 눈빛으로 바라본다.
질문하기	의사소통하거나 자신의 어휘를 확장할 수 있도록 질문한다. '무엇' '어디' '누가' 질문이 '어떻게' '왜' '언제' 질문보다 쉽다.	• 아이가 목욕할 준비가 되면, 수도꼭지를 가리키고 "뭐 하고 싶어?"라고 물어 "물 틀어."라고 말할 수 있도록 도움을 준다. • 간지럼 놀이를 하는 동안 아이에게 "어디 간지럽힐까?" "간지럽히고 싶은 사람 누굴까?" "몇 번 간지럽힐까?"라고 물어본다.

문장 내 빈 부분 채우기	문장의 일부를 남겨 두어 아이가 단어 또는 제스처로 빈 부분을 채우도록 한다.	• 두 가지 서로 다른 간식을 아이에게 보여 주며 "내가 먹고 싶은 건……."라고 말하고는 아이가 원하는 간식을 가리키거나 말하도록 한다. • 아기인형을 침대에 놓고 "아기가 ……에 있네."라고 말한다. 아이가 '침대'라 말하기를 기다린다.
선택형 질문하기	두 가지 중 하나를 골라 답하는 방식의 질문을 한다. 만약 아이가 항상 두 번째를 선택한다면, 첫 번째는 아이가 좋아하는 것, 두 번째는 그렇지 않은 것으로 구성해 선택하도록 한다. 이때에도 아이가 두 번째 것을 선택한다면, 아이가 원하지 않더라도 그것을 아이에게 준다.	• 장난감 자동차와 냅킨을 들고, 아이에게 "자동차 줄까, 냅킨 줄까?"라고 물어본다. 아이는 제스처 또는 단어를 사용하여 둘 중 하나를 선택한다. • 빨간색과 파란색 셔츠를 들고, "빨간색 셔츠 입을까, 아니면 파란색 셔츠를 입을까?"라고 질문하여 아이가 원하는 것을 선택하도록 한다.
언어 모방을 위한 모델링 제공하기	아이가 모방하길 바라는 단어나 구를 모델링한다.	• 아이가 자동차를 가지고 싶어 한다면, 자동차를 들어 보이며 "자동차."라고 말한다. 아이가 단어를 따라 말할 때까지 기다린다.
일상적인 언어 표현 사용	일상적인 언어 표현이란 아이가 아주 여러 번 들은 의미 있는 표현을 말한다. 일상적인 언어 표현을 촉진으로 사용하려면, 먼저 구 단위로 시작하고, 구의 마지막 부분을 생략하고 이 부분을 아이가 채울 것이라 기대한다.	• 거품을 더 불기 전에 "준비, 시……"이라고 말하고는 아이가 "작."이라 말하기를 기다린다. • 아이가 점프하는 것을 도와주는 동시에 "하나, 둘, 셋……."이라 말하고는 아이가 "점프." 또는 "출발."이라 말할 때까지 기다린다.
제스처 모방을 위한 모델링 제공하기	아이가 사용하면 좋을 제스처를 보여 준다. 이때 제스처와 함께 구어도 제시한다.	• 아이가 자리를 뜰 때, 손을 흔들며 "안녕."이라고 말하고는 아이가 모방할 때까지 기다린다. • 아이가 장난감을 갖고 싶어 할 때, 그것을 가리키며 장난감의 이름을 들려주고는 아이가 가리키기를 모방할 때까지 기다린다.
신체적 도움	아이가 제스처 동작을 완전하게 할 수 있도록 신체적으로 도와준다.	• 선반 위에 놓인 장난감을 아이가 갖고 싶어 쳐다볼 때, 아이의 팔을 들어 올려 주고, 장난감을 가리키는 형태의 손 모양을 만들어 준다. • 아이가 밖에 나가고 싶을 때, 아이의 손을 잡아 문을 두드린다.

- 세 가지 촉진 규칙을 잊지 말자. 아이가 세 번째 촉진을 받아 반응을 정확히 할 만큼 촉진을 충분히 제공하고 있는지 확인하자. 어떤 의사소통 방법이 가장 좋은지 결정하는데 코치의 도움을 받을 수 있다.

- 시간이 지남에 따라 도움의 정도가 적은 촉진을 사용하여 아이로 하여금 자발적으로 새로운 기능을 사용하도록 하자.

> **?** 아이가 새로운 의사소통 기능을 사용하는 데 도움이 되도록 제공할 수 있는 촉진 방법 세 가지에는 무엇이 있을까?

> **?** 아이가 새로운 의사소통 기능을 사용하도록 보상해 주는 방법에는 무엇이 있을까?

- 아이가 낙담할 수 있는 상황을 피하기 위해 활동 시간의 1/3 동안만 조금 더 복잡한 의사소통 기능을 사용하도록 촉진하자. 나머지 시간에는 아이의 자발적인 의사소통에 반응하자.

> **!** 세 가지 촉진 규칙은 단지 일반적인 지침일 뿐이라는 것을 명심하자. 만약 아이가 낙담한다면, 세 가지 촉진을 사용하기 보다는 다른 어떤 것을 적용하여 아이가 성공할 수 있도록 도와줄 필요가 있다.

[그림 5-2]는 Vivian이 간식을 먹고 있는 장면이다. Vivian의 엄마는 Vivian에게 요구할 때 단어로 말해야 한다는 것을 가르치기 위해 의사소통 촉진 방법을 사용하고 있다. 다음에 제시된 도표는 Vivian의 엄마가 따른 순서이다.

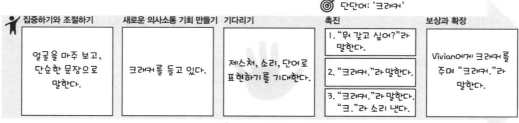

Vivian의 엄마는 크래커를 들고 Vivian이 어떠한 방식으로 의사소통하는지 기다린다. Vivian이 크래커에 손을 뻗는 반응을 보이자, Vivian의 엄마는 Vivian에게 질문하기 방법을 사용하여 Vivian이 "크래커."라 대답하도록 촉진한다. Vivian이 반응하지 않자, Vivian의 엄마는 모델링을 보여 주는 좀 더 지원적인 촉진을 제공한다. Vivian이 여전히 반응하지 않자, Vivian의 엄마는 다시 한번 단어를 모델링한다. 이때 Vivian이 "크."라고 반응하자, Vivian의 엄마는 보상으로 Vivian에게 크래커를 주는 동시에 "크래커."라 들려준다. Vivian의 엄마는 Vivian이 "크래커."라 말하는 데 도움이 되도록 3번 촉진했고, Vivian이 "크."라는 바람직한 시도를 할 때까지 보상을 주지 않았다.

[그림 5-2] **의사소통을 위한 촉진**

Vivian의 엄마는 Vivian이 좀 더 복잡한 기능을 사용하도록 촉진하기 위해 직접 질문하기 방법을 사용한다.

Vivian의 의사소통 기능이 발달해 감에 따라 Vivian의 엄마는 단어 또는 구 단위의 언어 자극을 줄 수도 있고, 수, 크기, 모양과 같은 새로운 언어 개념들을 알려 줄 수도 있다. 다음에 제시된 도표는 Vivian이 단어를 결합하기 시작할 때의 단계를 보여 준다. 중요한 것은 Vivian의 엄마가 Vivian이 새로운 의사소통 기능을 사용하는 데 도움이 되는 촉진 두 가지만을 사용한다는 것이다.

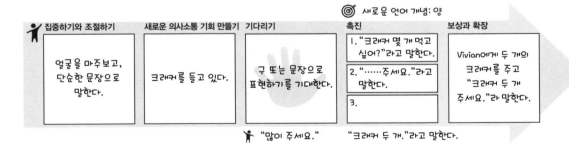

다음 페이지의 '가정에서 해보기!'에는 의사소통 촉진 아이디어가 수록되어 있다. 또한 이 장의 마지막에는 **새로운 기능 가르치기**에서 다룬 모든 또는 일부 기법(의사소통 촉진하기, 의사소통 이해 촉진하기, 모방 촉진하기 및 놀이 확장 촉진하기)을 사용하는 데 도움이 되는 실천계획표가 있다. 실천계획표의 윗부분을 작성하고, 집에서 연습한 후 나머지 아랫부분을 채우는 데 코치의 도움을 받을 수 있다.

가정에서 해보기! 의사소통을 위한 촉진

아이가……   당신은 ……

장난감 놀이	
블록 놀이를 한다면	• 블록을 들고 "갖고 싶어?" "몇 개?" 또는"이 블록 어디에 끼울까?"라고 묻는다.
물풍선 놀이, 미술 또는 만들기 활동처럼 사전 준비가 필요한 활동이거나 여러 단계를 거치는 활동에 참여한다면	• "뭘 하지?" "어디로 가지?" "다음은 어떻게 하지?"처럼 각 단계에 대해 진술한다. 또 다른 촉진을 제공하기 전에 아이가 처음 촉진에 반응한다면 반드시 보상한다.
식사 시간/간식 시간	
간식을 먹거나 배가 고프다면	• 무엇을 먹을지 선택하게 한다. 예를 들면, "뭐 먹고 싶어? 물고기 모양 크래커? 과일 스낵?" 선호하는 음식과 선호하지 않는 음식을 제안해 보자. 이는 아이가 의미 있는 선택을 하는 데 도움이 된다. • 아이가 좋아하는 음식을 줄 때는 조금씩 나누어 주자. 아이가 더 먹고 싶어 할 때, "더 먹고 싶어?"라고 말하도록 유도하거나 아이가 얼마큼을 더 먹고 싶은지 표현하도록 "얼마나 더 줄까?"라고 질문하여 촉진한다. • 아이가 좋아하는 음식이나 간식을 만들도록 한다. 아이에게 첨가할 재료는 주지만, 재료를 넣기 전 아이가 해야 할 행동("초콜릿 넣어."라고 말하기)을 촉진한다.
옷 입기	
옷을 입는다면	• 아이에게 무엇을 입을지 선택하거나 옷 입는 순서를 정하게 한다. 아이에게 자신의 선호도를 말하도록 촉진한다. 예를 들어, 서로 다른 색상의 셔츠 두 장을 들고 "어떤 색 입고 싶어? 빨강? 파랑?" 또는 "바지? 셔츠? 어떤 거 먼저 입을까?"라고 물어본다. • 옷이나 신발을 어디에 착용해야 하는지 대답하도록 촉진한다. 예를 들어, 아이가 신발을 신고 있을 때, 아이의 발을 손으로 가리키는 동시에 "신발이 어디로 가지."라고 말한다.
신발을 신거나 의류품을 착용할 때 도움을 청한다면	• 신발을 건네주고 기대하는 표정으로 기다린다. 만약 아이가 반응하지 않는다면, "뭐가 필요하니?" 또는 "도와줄까?" "신발."이라 말하여 촉진한다.
목욕 시간	
옷을 벗을 때 도움을 청한다면	• 아이가 옷을 벗는 데 도움을 필요로 하면, 한 번에 한 가지만 벗게 도와주자. 아이가 다음 벗어야 하는 것에 대해 도움을 청하도록 촉진한다.

아이가……	당신은……
물놀이용 장난감을 좋아한다면	• 태엽 장난감처럼 도움이 필요한 장난감을 활용하여, 장난감을 작동시키기 위해 아이가 도움을 청하도록 촉진한다.
씻는 것을 좋아한다면	• 아이를 씻길 때 한 번에 한 부분만 씻긴다. 예를 들어 손을 씻길 때, 한쪽 손만 씻긴 후 기다린다. 그리고 아이가 나머지 다른 쪽을 씻겨 달라고 말하도록 촉진한다.
취침 시간	
책 읽기를 좋아한다면	• 한 번에 페이지를 읽어 주어, 아이가 다음 페이지로 넘겨 달라고 얘기하도록 촉진한다. • 또한 페이지를 읽기 시작하기 전 잠시 기다려 아이가 책을 읽어 달라고 말하도록 촉진한다.

의사소통 이해 촉진하기

촉진과 보상을 사용하여 아이가 의사소통을 이해하고 지시에 따르도록 가르칠 수 있다. 하루 일과 시간은 아이가 의사소통을 이해하는 것을 가르치기에 좋은 시간이다. 왜냐하면 아이는 이러한 활동에 관한 단계를 이미 알고 있고, 지시 내용을 좀 더 쉽게 이해할 수 있기 때문이다. 자연스러운 보상 또한 사용할 수 있다. **의사소통 이해 촉진하기**는 다음의 영역에서 아이에게 도움을 준다.

• 지시 따르기
• 새로운 단어, 구 또는 언어 개념 이해하기

?
하루 일과에서 아이에게 어떤 지시를 할 수 있을까?

아이가 의사소통을 이해하도록 가르치는 경우, 아이가 동기를 갖도록 하기 위해 일반적으로 아이에게 초점을 맞추고 의사소통 방법을 조절한다. 그런 다음, 아이의 관심을 끌 기회를 만든다. 아이가 관심을 가졌을 때, 지시한 내용을 따르도록 촉진한다. 아이가 약간의 도움을 받아 지시를 따르면, 올바르게 한 행동에 대해 칭찬해 주고, 보상으로 아이가 원하는 활동을 즉시 하게 한다. 이는 아이가 지시 내용을 다시 이해하고 따를 가능성을 더 높인다.

때때로 아이는 이를 닦거나 장난감을 치우는 등 자신이 선택하지 않는 일상이나 활동 중에 부모의 지시를 따라야 하는 경우가 있다. 이러한 일상의 활동에서는 아이에게 초점을 맞추는 것으로 시작하지 못할 수도 있고 자연스러운 보상을 사용하지 못할 수도 있다. 이런 경우에는 아이의 주의를 끌 수 있는 기회를 만들어 지시를 내린다. 아이가 지시에 따르도록 좋아하는 장난감, 활동 또는 간식과 같은 보상을 추가로 제공할 수도 있다. 추가 보상을 사용할 시기를 결정하는 것에 대해서는 코치로부터 도움을 받을 수 있다.

- 아이가 무엇을 해야 하는지 구어로 지시를 명확하게 제시하자. 지시 내용을 질문 형식으로 제시하지 말자. 예를 들어 "신발 신을 수 있어요?"라고 말하지 말고 "신발 신으세요."라고 말한다.

  > ! **지시어를 제시하기 전에 아이의 주의를 끄는 것이 먼저이다.**

- 지시 표현은 심플하게 하자. 아이가 여러 단계로 이루진 지시어를 듣고 따를 수 있더라도, 한 번에 한 단계씩만 지시하자. 예를 들어, "신발 신고 코트 입고 밖에 나가자."라고 말하는 대신 "신발 신자."라고 말한다. 그리고 아이가 신발을 신으면 다음 단계 지시 내용인 "코트 입자."라고 한다.

- 만약 아이가 적절하게 반응하는 것을 어려워한다면, 지시어를 반복하거나 조금 더 도움이 되는 촉진을 제공하자. 세 가지 촉진 규칙을 기억해 보자. 세 가지 촉진을 사용하여 아이를 성공적으로 도울 수 있다.

- 〈표 5-3〉에는 의사소통을 이해하는 데 도움이 되는 여러 가지 촉진 방법이 있다. 촉진은 도움의 정도가 가장 적은 촉진부터 가장 많은 촉진까지 다양하다. 도움의 정도를 결정하는 것에 대해 코치로부터 도움을 받을 수 있다.

  > ? **아이가 지시를 따르도록 하는 데 도움이 되는 세 가지 촉진은 무엇인가?**

- 지시어만을 듣고 따르기 어려운 경우, 신체적 도움 없이 지시어를 반복해서 말하지 말자. 그렇지 않으면 아이는 대답할 필요가 없다고 배울 수 있다.

> ? **아이가 지시를 따르게 하기 위해 어떤 방식으로 제공하는가?**

- 시간이 지나면 도움의 정도가 적은 촉진을 사용하자. 그러면 아이는 어떤 도움 없이도 지시 따르는 것을 배울 수 있다.
- 다른 유형의 촉진과 마찬가지로, 의사소통을 이해하는 데 도움이 되는 촉진은 그 활동 시간 내 1/3 정도만 사용해야 한다.

〈표 5-3〉 **의사소통 이해를 위한 촉진**

촉진 유형	설명	예
구두 지시어	아이가 해야 할 것을 말로 명확하게 전달하고, 너무 많은 정보를 주는 것은 피한다.	• 아이가 옷을 입는 동안, "셔츠 입어."라고 말하고는 아이가 셔츠를 입길 기다린다. • 아이와 함께 색칠을 할 때, "빨간색 펜을 사용하렴."이라 말하고, 아이가 빨간색 펜을 쓰길 기다린다.

제스처	단서를 주기 위해 구두 지시어와 함께 제스처를 사용한다.	• 아이와 간식을 만들 때, "땅콩버터를 바르렴."이라 말하며 땅콩버터를 가리킨다. 그러고는 아이가 땅콩버터를 바르길 기다린다. • 그만 가야 하는 시간에는 "코트 입으렴."이라 말하고 아이의 코트를 집어 든다. 그리고 아이가 코트를 입길 기다린다.
행동 모델링	아이가 어떻게 반응해야 하는지 보여 주기 위해 구두 지시어와 함께 행동을 보여 준다.	• 간식이 준비되었을 때, "손 씻고 오렴."이라 말하고는 손을 수도꼭지 아래 놓고 손 씻는 시늉을 한다. 그리고 아이가 손 씻기를 기다린다. • 쇼핑할 때, "시리얼도 담자."라고 말하고 시리얼을 카트에 담는다. 그런 다음 꺼내어 다시 진열대 위에 놓고는 아이가 시리얼을 카트에 담길 기다린다.
신체적 안내	구두 지시어에 반응하도록 하기 위해 신체적으로 안내한다.	• 밖으로 나가려 할 때, "신발 신으렴."이라 말하고는 아이가 신발을 신도록 신체적으로 안내한다. • 공을 가지고 놀 때, "나한테 공 던지렴."이라 말하고 아이가 공을 던질 수 있도록 신체적으로 안내한다.

　[그림 5-3]을 보면, 아침식사 시간, James의 아빠는 James에게 한 단계 지시 따르기를 가르치기 위해 **의사소통 이해 촉진하기** 기법을 사용한다. 다음의 도표는 James의 아빠가 사용한 단계

[그림 5-3] 의사소통 이해를 위한 촉진

James의 아빠는 James에게 구두 지시어("네 컵을 주렴.")를 명확하게 제시하고
더하여 시각적 촉진(컵 가리키기)을 제공한다.

의 순서이다. 아빠는 James에게 우유를 보여 준 후 James가 우유를 보도록 기다린다. 그런 다음 명확하게 구두 지시어를 제시한다. 제임스가 반응하지 않자, 아빠는 지시어를 반복하고 컵을 가리키는 동작의 제스처를 하여 James의 반응을 촉진한다. 그러나 James가 여전히 반응하지 않자, James가 컵을 들고 자신에게 주도록 신체적으로 도움을 준다. 아이의 아빠는 우유를 따르고 그것을 주는 것으로 James에게 보상한다.

> ! 보다 더 도움이 많은 촉진을 제시하여도 아이가 지시 따르는 것을 어려워한다면, 코치와 함께 제8장 아이의 문제 행동 다루기를 살펴보자.

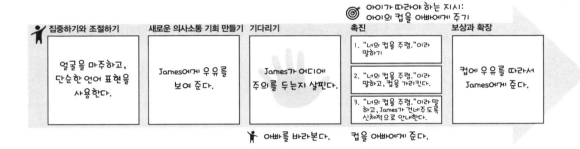

다음 페이지의 '가정에서 해보기!'에는 **의사소통 이해 촉진하기** 방법들이 있다. 이 장 마지막의 두 번째 양식은 새로운 기능을 가르치는 기법(의사소통 촉진하기, 의사소통 이해 촉진하기, 모방 촉진하기, 놀이 확장 촉진하기)을 사용하는 데 도움이 되는 실천계획표이다. 실천계획표의 윗부분을 작성하고, 기법을 사용해 본 후 아랫부분을 어떻게 작성하는지에 대해서는 코치의 도움을 받을 수 있다.

가정에서 해보기! **의사소통 이해 촉진하기**

아이가……　　　　　　　　당신은 ……

장난감 놀이	
자동차를 가지고 놀고 있다면	• 작은 피규어를 아이에게 건네주고, 차를 가리키며 "차에 태워 줘."라고 말한다. 아이가 적절하게 반응하면, 다시 아이의 놀이 주도를 따른다. • 아이가 놀이를 하는 동안, 아이에게 새로운 개념어(색깔, 모양, 크기, 수 등)를 가르친다. 예를 들면, "빨간 차에 타자." 또는 "자동차 두 개만 줘."라도 언급한다.
물풍선 만들기, 미술 활동, 만들기 등 여러 단계로 구성된 놀이를 하고 있다면	• 각 단계별로 아이가 해야 해는 행동을 언급한다. 예를 들어, 아이가 물풍선을 만들려 한다면, "풍선을 가져와." "풍선을 수도꼭지에 달아." "물을 틀어."라고 말한다. 이때 제스처와 모델링을 사용하여 아이가 각 단계를 이해하는 데 도움을 준다. 아이가 시도했지만 어려워하는 경우에는 도움을 준다.
식사 시간/간식 시간	
간식 또는 식사 준비를 돕는다면	• 필요한 사항을 아이에게 말한다. 예를 들어, 주스 용기를 들고 아이의 컵을 가리키면서 "네 컵 줘."라고 말한다. • 아이가 가장 좋아하는 간식 만들기를 도와주는 상황에서 아이가 해야 할 행동에 대해 알려 준다. 예를 들면, "우유를 따르고, 초콜릿 소스를 짜서 넣어 줘. 그리고 저어 줄래."라고 말한다.
옷 입기	
옷을 입는 중이라면	• "셔츠 입자." 또는 "신발 신자."처럼 아이가 해야 하는 행동에 대해 말한다. 입으려는 옷이 입기 쉬운 경우 더 도움이 된다. 또한 신발을 신고 밖에 나가 놀려 할 때처럼 아이가 옷을 입으려는 동기가 있는 경우에 더욱 효과적이다.
목욕 시간	
목욕 준비를 한다면	• "수건 가져오자." "비누 가져오자." "물 틀자."처럼 목욕 준비에 관련한 말을 한다.
목욕을 하고 있다면	• 특정 신체 부위를 알려 줌으로써 아이에게 신체 일부에 대해 가르친다. 예를 들면, "발 주세요." "손 주세요."라며 씻는 부분을 언급한다.
집안일	
빨래를 돕는다면	• 아이에게 한 단계("세제 가져와요.") 또는 두 단계("세제 가져와서 여기에 부어 주세요.") 지시어를 들려준다.
식탁 차리는 것을 돕는다면	• 공간 개념어(위에, 아래에, 옆에) 및 시간 개념어(첫 번째, 다음, 마지막)가 들어간 지시어로 말한다. 예를 들면, "접시를 식탁 위에 놔주렴." "포크를 테이블 위에 놔주렴." "냅킨을 포크 아래에 두렴." "식탁매트를 먼저 깔고 그다음에 접시를 놓으렴."

모방 촉진하기

촉진과 보상을 사용하는 또 다른 방법은 놀이를 하는 동안 아이가 행동과 제스처를 모방하도록 가르치는 것이다. 놀이 장면에서의 모방은 아이와 부모를 연결시키고 모방을 통해 아이가 새로운 놀이 방법을 배우는 데 도움을 준다. 아이에게 모방을 가르치는 데 사용되는 장난감은 다양하고 창의적인 방법으로 사용할 수 있는 것이 가장 좋다. 서로 비슷하거나 동일한 장난감 두 개를 사용하면 아이와 서로 모방하는 데 유용하다. **모방 촉진하기**는 다음의 영역에서 아이에게 도움이 된다.

- 아이의 모방 기능을 완성한다.
- 아이에게 새로운 놀이 방법을 가르친다.
- 아이에게 새로운 제스처를 사용하도록 가르친다.

모방하기를 가르치기 위해 아이와 함께하는 놀이 중에 번갈아 가며 서로 모방하는 '사회적 게임(social game)'에 참여한다. 아이를 모방하는 것으로 상호작용을 시작한다. 당신의 차례일 때는 아이의 주의를 끌기 위해 **놀이 방해하기** 또는 **균형 잡힌 주고받기** 기법을 사용하여 기회를 만든다. 아이의 주의를 끌었을 때, 아이가 당신을 모방하도록 촉진한다. 아이가 모방하는 즉시, 칭찬으로 보상하고, 아이가 좋아하는 방식으로 놀이하도록 한다. 아이가 모방하도록 신체적으로 촉진했더라도 보상하고 다시 아이를 모방한다.

- 아이가 놀이에 참여하면, 놀이와 관련된 행동 또는 제스처를 모델링하자. 모델링하는 행동은 아이가 재미있어 할 만큼 웃기고 장난스러울 수도 있다.
- 〈표 5-4〉 및 〈표 5-5〉에는 모델링할 수 있는 놀이 행동 및 제스처의 예가 있다.
- 행동을 모델링할 때, 간단한 언어 표현으로 지금 무엇을 하고 있는지 묘사한다. 예를 들어, 공을 튕기는 동작을 모델링한다면, "(공을) 튕겨, 튕겨."라 말한다. 자동차를 미는 동작을 모델링한다면, "부릉부릉."이라 말한다. 이러한 행동은 당신이 보여 주는 모델링에 아이가 주의를 기울이는 데 도움이 된다.

〈표 5-4〉 모델링으로 제시할 수 있는 새로운 놀이 행동

아이가……	당신은……	……라고 말한다.
장난감 기차 선로에서 기차를 밀고 있을 때	• 두 개의 기차를 부딪치며 • 다리 아래로 기차를 밀고 • 기차에 소를 태우고	• "부딪친다." • "기차가 아래로 떨어진다." • "기차에 소가 탔다."
공굴리기를 할 때	• 공을 튕기며 • 공을 차며 • 바구니를 향해 공을 던지며	• "공을 튕긴다." • "공을 찬다." • "공이 바구니에 들어간다."
모래 놀이를 할 때	• 컵에 모래를 부으며 • 모래에 피규어를 숨기며 • 삽으로 모래를 파며	• "모래 넣는다." • "어디 갔지?" • "큰 구멍 판다."
마커로 그릴 때	• 빠르게 색칠하기와 천천히 색칠하기를 하며 • 새로운 색상을 사용하며 • 얼굴을 그리며	• "빨리…… 천천히." • "빨간색." • "행복한 얼굴 표정이네."

〈표 5-5〉 모델링으로 제시할 수 있는 새로운 제스처

아이가……	당신은……	……라고 말한다.
장난감 음식으로 놀 때	• 배를 두드리며 • 입을 닦으며 • 음식을 후 불며	• "맛있다!" • "입 닦는다." • "뜨거워."
아기인형을 가지고 놀 때	• 뽀뽀하는 시늉을 하고 • 손가락을 입에 가져다 대고 • 두 손을 모아 얼굴 옆에 대고	• "뽀뽀~" • "쉿! 아기가 자고 있어." • "아기가 피곤하대."
장난감 강아지랑 놀 때	• 두 손가락을 테이블 위에 올리고는 걷는 시늉을 하며 • 강아지를 혼내는 것처럼 손가락을 흔들며 • 손바닥을 위로 보이고 어깨를 으쓱거리며	• "강아지가 걷고 있어." • "강아지야, 안 돼!" • "강아지가 어디 있을까?"
블록 놀이를 할 때	• 손뼉을 치며 • 손을 들어 올려 높이를 표현하면서 • 두 손을 서로 부딪치며	• "우와! 탑을 완성했구나." • "진짜 높다!" • "부딪쳤네."

- 새로운 행동을 모델로 제시하고 나면, 아이가 스스로 행동을 모방할 기회를 갖도록 기다리자.
- 만약 5초 후에도 아이가 모방하지 않는다면, 간단한 언어 표현과 함께 동일한 동작을 다시 모델링하는 추가적인 지

> **?** 아이가 좋아하는 장난감을 가지고 어떤 놀이 행동을 모델링할 수 있을까?

원을 제공하자. 한편 세 가지 촉진 규칙에 대해 떠올려 보자. 두 번째 모델링 제시 후에도 여전히 아이가 모방하지 않는다면 신체적 촉진을 제시하자.

> **?** 아이가 하는 놀이와 관련하여 어떤 제스처를 모델링할 수 있을까?

- 〈표 5-6〉에는 모델링과 신체적 안내라는 두 가지 유형의 모방에 도움이 되는 촉진이 있다. 아이에게 신체적 안내를 해 주기 전에 모델링을 몇 번 제시하는 것이 가장 적절한지는 코치의 도움을 받아 결정할 수 있다.
- 상호작용 동안, 당신이 대부분의 시간 동안 모방을 하는 반면 아이는 대략 1/3의 시간 동안만 모방할 것으로 예상한다.

[그림 5-4]에는 물건을 가지고 놀이 동작을 모방하도록 가르치는 Jordan의 엄마 모습이 있다. Jordan은 슬링키를 위아래로 흔들면서 놀고 있다. 다음에 제시된 도표는 Jordan의 엄마가 물건을 가지고 노는 것을 모방하도록 가르치기 위해 따른 단계를 나타낸다. 먼저, 아이의 엄마는 얼굴을 마주 보고 앉아서 슬링키를 가지고 아이의 놀이를 모방한다. 그리고 몇 분 후 Jordan의 엄마는 "공이 들어간다."라고 말하며 Jordan의 관심을 끌고,

> **!** 아이가 모방하는 것을 어려워한다면, 아이가 혼자 장난감을 가지고 놀며 하는 행동을 따라 하자. 그게 비록 이상하게 보일지라도 말이다. 예를 들어, 아이가 장난감 자동차의 바퀴를 손으로 빙빙 돌리거나 자동차를 줄 세워 늘어 놓는다면, 아이가 자동차를 줄 세워 늘어 놓을 때 당신은 손으로 바퀴를 빙빙 돌리는 행동을 보여 주자.

〈표 5-6〉 모방에 도움이 되는 여러 가지 촉진

촉진	설명	예시
모델링 (아이가 모방하길 원하는 행동 모델링)	놀잇감을 가지고 할 수 있는 새로운 놀이 동작 또는 아이가 하고 있는 놀이와 관련된 제스처를 모델링한다.	• 아이와 함께 공을 굴린 후, 공을 튕기며 "공을 튕겨, 튕겨."라고 말한다. • 블록으로 탑을 만든 후, 손뼉을 치는 행동을 모델링하고 "우와."라고 말한다. 그리고는 아이가 모방하도록 기다린다.
신체적 안내	모방을 위한 두 번째 모델링 촉진을 제시한 후에도 아동이 모방하지 않는다면, 행동을 완성하기 위해 신체적으로 안내한다.	• 아이가 공을 던지도록 신체적으로 안내하며 "공을 튕겨, 튕겨."라고 말한다. • 아이가 손뼉을 마주치도록 신체적으로 안내하며 "우와!"라고 말한다.

[그림 5-4] 모방 촉진하기

Jordan의 엄마는 새로운 놀이 행동을 모델링하고 놀이를 묘사하는 말을 들려주어
Jordan이 새로운 놀이 행동을 하도록 촉진한다.

슬링키를 떨어뜨리는 행동을 보여 준다. 엄마는 Jordan이 자신의 행동을 모방하기를 기다린다. 하지만 아이가 반응하지 않자, 다시 엄마는 말과 행동을 반복하고 기다린다. 그럼에도 아이가 반응하지 않자, 엄마는 한 번 더 행동한다. Jordan이 여전히 반응하지 않자, 엄마는 아이가 모방하도록 신체적으로 촉진한다. 아이가 엄마의 행동을 모방하면, 아이에게 보상해 주고 엄마는 아이의 놀이를 한 번 더 모방한다.

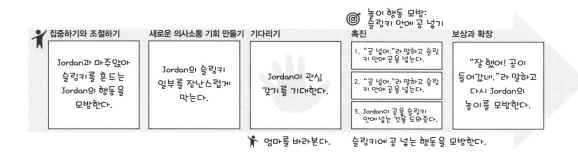

다음의 도표는 Jordan의 엄마가 놀이를 하면서 Jordan에게 제스처 모방하기를 가르치기 위해 따른 단계이다. 엄마는 "공 넣어."라고 말한다. 그리고 슬링키를 가리키는 모델링을 하고 나서 공을 슬링키 안에 떨어뜨린다. Jordan이 두 가지 이상의 모델링에도 반응하지 않으면, 엄마는 신체적 안내 방법으로 촉진하여 아이가 슬링키를 가리키도록 한다. 엄마는 Jordan이 놀이 행동이 아닌 자신의 제스처를 모방하도록 하는 데 집중함으로써, 한 번에 하나의 기능만 촉구하고 있음을 주목하자.

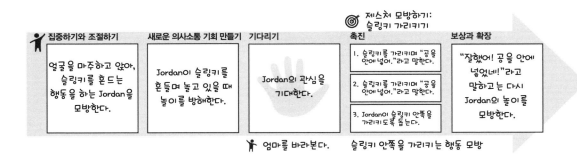

이 장 마지막의 두 번째 양식은 **새로운 기능 가르치기** 기법(의사소통 촉진하기, 의사소통 이해 촉진하기, 모방 촉진하기, 놀이 확장 촉진하기)의 일부 또는 전부를 사용하는 데 도움이 되는 실천계획표이다. 실천계획표의 윗부분을 완성하고 아랫부분을 작성하는 방법에 대해 코치의 도움을 받을 수 있다.

가정에서 해보기!　　**모방에 도움이 되는 촉진**

아이가……　　　　　　당신은 ……

노래 부르기/게임하기	
노래를 부르거나 당신이 부르는 노래를 듣고 있다면	• 노래 율동이나 제스처를 활용한다. 그런 다음 새로운 행동을 추가하고, 아이가 새로운 행동을 모방하도록 도와준다. 예를 들어, 만약 'Wheels on the Bus' 노래를 부른다면, 버스 와이퍼가 좌우로 움직이는 것처럼 팔을 좌우로 흔들거나, 버스 문이 열리고 닫히는 듯이 손으로 표현하거나 사람들이 버스에 타고 내리는 듯이 손가락으로 가리키는 것과 같은 새로운 행동을 첨가한다.
드럼, 마라카스, 피아노 등 악기를 연주하고 있다면	• 아이의 패턴을 모방한 후 새로운 패턴을 모델링하고 아이가 그것을 모방하도록 돕는다.
장난감 가지고 놀기	
인형이나 다른 피규어에게 음식을 먹이는 시늉을 하고 있다면	• 인형에게 음식을 먹이는 척하는 아이의 행동을 모방하고, 인형의 얼굴을 씻기는 척 행동한다. 아이가 새로운 행동을 모방하도록 돕는다.
자동차를 가지고 논다면	• 차를 경사로 아래로 밀어서 부수는 아이의 행동을 모방한다. 그런 다음 차를 고치는 척하는 새로운 놀이 행동을 모델링하고 아동이 그 행동을 모방하도록 돕는다.
활동 놀이	
앞뒤로 뛰어다니거나 목적 없이 걸어 다니면	• 아이의 행동을 모방해 앞뒤로 뛰어다닌다. 그런 다음, 점프하기, 행진하기, 빙글빙글 돌기, 넘어지기 등 새로운 행동을 보여 주고, 아이가 이러한 행동을 모방하도록 도움을 준다. 이러한 활동 놀이는 공원이나 산책 시간에 하는 것이 좋다.
무언가를 보고 있다면	• 어떤 사물 쪽을 가리키며 "저것 좀 봐."라고 말한다. • 팔짱을 낀 채 새를 바라보고는 "새가 날아가고 있어."라 말한다. • 손을 동그랗게 만들어 귀에 가져다대고는 "무슨 소리지?"라 말한다.
이야기 시간	
책을 읽고 있다면	• 제스처를 과장되게 하면서 책의 페이지 내용을 행동으로 표현한다. • 새의 사진이 있는 경우, 새인 척한다(새가 날갯짓을 하는 것처럼 팔을 파닥거리며 "짹짹."이라고 말한다). 아이가 새로운 행동을 모방하도록 돕는다. • 음식 사진이 있는 경우, 페이지에서 음식을 꺼내 먹는 시늉을 한다. 아이가 새로운 행동을 모방하도록 돕는다.
식사 시간/간식 시간	
간식을 먹고 있다면	• 아이가 음식을 먹는 순간에 그 행동을 모방한다. 그런 다음 한 입 더 먹기 전 냅킨으로 입을 닦는 것처럼 새로운 행동을 모델링한다. 그런 다음 아이가 새로운 행동을 모방하도록 돕는다.

놀이 확장 촉진하기

촉진과 **보상**은 새로운 놀이 기술을 가르치는 데에도 사용할 수 있다. 지금까지는 아이에게 새로운 놀이 행동과 제스처를 모방하도록 가르치는 방법을 배웠다. 이 외에도 놀이 장면에서 아이가 지시와 제안을 따르는 데 도움이 되는 언어적 촉진을 사용하여 아이의 놀이 기술을 확장할 수 있다. **놀이 확장 촉진하기** 기법은 일반적으로 놀이와 언어 능력이 조금 나은 아이에게 사용할 때 좀 더 성공적이다. 따라서 아이가 언어적 지시에 응답하는 데 어려움이 있는 경우에는 **모방 촉진하기** 기법을 사용하여 아이의 놀이 기술을 확장하도록 돕는다. **놀이 확장 촉진하기** 기법을 통해 다음의 사항을 할 수 있다.

- 좋아하는 장난감으로 아이가 할 수 있는 행동의 수를 다양하게 늘린다.
- 새 장난감을 가지고 놀도록 아이를 가르친다.
- 좀 더 복잡한 방법으로 놀도록 가르친다.

?

촉진해 주었을 때 아이가 할 수 있는 새로운 놀이 기술에는 무엇이 있을까?

평소처럼 아이에게 집중하고, 의사소통 방법을 조절하여, 아이를 놀이에 참여시킨다. 그런 다음 **새로운 의사소통 기회 만들기** 전략을 사용하여 아이의 관심을 끈다. 다음으로, 아동 자신이 하던 것보다 새롭거나 약간 복잡한 놀이 기능을 사용하도록 촉진한다. 아이가 새로운 놀이 기능을 사용한 경우에는 아이를 칭찬하고 아이가 원하는 방식으로 놀도록 보상한다.

- 아이가 놀이를 시작할 때까지 기다리자. 그런 다음 아이가 시작한 놀이와 관련된 새롭거나 좀 더 복잡한 놀이 기술을 사용하도록 촉진하자. 아이가 가지고 놀고 있는 장난감을 사용하거나 그 장난감을 가지고 새로운 활동을 해 보자.
- 〈표 5-7〉과 아이를 위해 설정한 목표를 이용하여 어떤 놀이 기능을 촉진해야 하는지에 대한 아이디어를 떠올려 보자.
- 〈표 5-8〉에는 놀이 확장을 위한 여러 유형의 촉진 예가 있다. 도움의 정도가 가장 적은 촉진부터 도움의 정도가 가장 많은 촉진까지 다양하다.
- 아이가 올바르게 반응하는 데 필요한 최소한의 지원을 제공

!

장난감을 가지고 놀 때 새로운 방법을 생각해 내는 것이 어려울 수 있다. 아이와 상호작용하지 않을 때 아이가 좋아하는 장난감을 가지고 놀 수 있는 다양한 방법을 브레인스토밍(brainstorming)해 보자.

⟨표 5-7⟩ 놀이 방법에 따른 촉진 선택하기

아이가……	당신은 ……	예시
장난감이나 사물을 탐색하면	아이가 함께 장난감을 넣도록 촉진한다.	• 단지에 구슬을 넣는다. • 모양 분류 통에 모양을 넣는다. • 고리 끼우기에 고리를 끼운다.
장난감이나 사물을 모으면	장난감을 작동시킨다.	• 팝업 장난감의 버튼을 누른다. • 소리 나는 장난감의 버튼을 누른다. • 잭 인 더 박스의 손잡이를 돌려 연다.
장난감을 가지고 하는 행동이 어떤 결과를 발생시키는지 이해한다면	아이가 의미 있는 방식으로 사물을 사용하도록 촉진한다.	• 사람을 차에 태운다. • 기찻길에서 기차를 민다. • 장난감 음식을 자른다.
미니어처 장난감을 가지고 논다면	가상 놀이를 하도록 촉진한다.	• 장난감 난로가 뜨거운 척을 한다. • 인형을 목욕시키는 척을 한다. • 인형이 다친 척을 한다.
장난감이나 사물을 가지고 가상 놀이를 한다면	장난감을 가지고 이야기를 만들며 놀도록 촉진한다.	• 인형이 아파 병원에 데려가는 척한다. • 작은 조각상이 아침에 일어나서 학교 갈 준비를 하는 척한다.
다른 사람인 척한다면	가상 이야기대로 행동하도록 촉진한다.	• 학생 역할을 하고, 아이에게 교사의 역할을 하게 한다. • 차는 고장이 나 있고, 당신과 아동 모두 수리공인 척한다.

⟨표 5-8⟩ 놀이 확장을 위한 여러 유형의 촉진

촉진 유형	설명	예
아이의 활동 진술하기	아이가 다음으로 해야 할 행동이나 어떻게 하면 활동에 참여할 수 있는지에 대한 단서가 되는 활동을 진술한다. 진술과 함께 제스처도 제시하면 아동이 반응하는 데 도움이 된다.	• 아이가 아기인형의 옷을 반복해서 입히고 벗길 때, 아이에게 음식을 보여 주고 "아기가 배고파 보인다."라고 말하여 아이가 아기에게 음식을 주게 한다. • 아이가 원을 그리며 차를 운전할 때 "오, 차가 고장났네!"라고 말하여 아이가 차를 고치도록 한다. • 인형 집을 가지고 놀 때 "오, 안 돼, 불이 났어!"라고 말한다. 그리고는 튜브를 보여 주어 아동이 소방관인 척하고 호스로 불을 끄도록 한다.

질문하기	아이가 장난감으로 다음 무엇을 해야 할지에 대한 단서를 주기 위해 질문을 한다. 질문에 대해 행동으로 답변할 수 있다.	• 아이가 차를 앞뒤로 굴릴 때, "이제 어디로 갈까?"라 질문해서 아이가 다른 곳으로 차를 몰고 가게 한다. • 아이가 장난감 동물을 탁자 주변에 가져다 놓았을 때, "이제 동물들은 무엇을 해야 하나요?"라고 질문해서 아이가 동물에게 먹이를 주게 한다. • 장난감 음식을 가지고 놀 때, "요리사님, 오늘 저녁은 뭔가요!"라 말해 아이가 요리사인 척하게 한다.
선택할 기회 주기	아이의 놀이 확장에 도움을 주기 위해 장난감으로 할 수 있는 두 가지 방식을 제안하고 선택하도록 한다.	• 아이가 장난감 음식을 들고 있을 때, "우리 음식 만들까, 아니면 먹을까?"라 질문해 아이가 새로운 방식으로 놀잇감을 사용하도록 도움을 준다. • 아이가 기차를 앞뒤로 굴리며 놀 때, "기차가 역으로 들어갈까, 아니면 터널을 통과할까?"라 질문해 아이가 기차를 새로운 곳으로 몰아 갈 수 있도록 도움을 준다. • 장난감 강아지를 가지고 펫숍 놀이를 할 때, 아이에게 "고양이야, 점심 먹을까, 자러 갈까?"라 말해 아이가 고양이인 척하고 놀이에 참여하도록 도움을 준다.
구어로 지시하기	아이가 가지고 노는 장난감으로 무엇을 할 수 있는지에 대해 아이에게 말한다. 이때 아이의 주도를 따르고 아이가 선택한 활동과 관련하여 놀이를 지도한다.	• 아이가 차를 밀 때 사람인형을 건네주며 "차에 태워 주자."라고 말한다. • 아이가 공을 굴릴 때, 아이 앞에 바구니를 가져다 놓고 "바구니에 넣자!"라고 말해 아이가 공으로 새로운 동작을 하도록 도움을 준다.
아동가 모방할 수 있는 행동 모델 제시하기	아동이 모방할 새로운 행동을 모델링한다.	• 아이가 공을 굴릴 때, 아이에게 공을 차는 행동을 보여 주어 아이가 공을 차도록 도움을 준다. • 아이가 플레이도를 가지고 놀 때, 아이가 새로운 것을 만들도록 플레이도로 뱀이나 공을 만드는 것을 보여 준다.
신체적 안내 제공하기	아이가 놀이 행동을 모방하거나 구어 지시를 따르도록 신체적으로 도움을 준다.	• 아이가 공을 바구니에 넣도록 도움을 준다. • 아이가 사람 피규어를 차에 태우도록 도움을 준다.

? 아이가 새로운 놀이 기능을 사용하는 데 도움이 되는 세 가지 촉진은 무엇인가?

하는 촉진부터 사용하자.
• 세 가지 촉진 규칙을 기억하자. 필요하다면 아이가 성공할 수 있도록 더 많은 도움을 주자. 어떤 놀이 촉진으로 시작하는 것

이 가장 좋은지를 결정할 때에는 코치의 자문을 구할 수 있다.

- 놀이 시간 중 1/3 정도 정도만 새로운 놀이 기능을 촉진하며, 그런 다음 나머지는 아이의 주도를 따른다.

> 아이의 언어 능력에 대해 알고 있자. 왜냐하면 언어적 지시처럼 어떤 유형의 놀이 촉진은 아이의 언어 이해 능력에 영향을 받기 때문이다.

[그림 5-5]를 보면, Tina는 인형을 가지고 놀고 있는 중이다. Tina의 엄마는 Tina에게 가상 놀이를 가르치고 있다. 다음 도표에는 Tina를 가르치기 위해 Tina 엄마가 따랐던 절차이다. 먼저 Tina의 엄마가 인형을 가지고 논다. Tina가 엄마를 바라보았을 때, 엄마는 Tina가 블록으로 인형에게 음식을 먹이는 시늉을 하도록 말로 촉진한다. Tina가 반응하지 않을 때, 엄마는 말을 반복하고 질문하는 방식으로 조금 더 도움이 되도록 촉진한다.

[그림 5-5] 놀이 확장 촉진하기

Tina의 엄마는 Tina의 놀이 복잡성을 높이기 위해 구두로 지시한다
("아기가 배고프대. 먹을 것을 주자.").

Tina가 여전히 반응하지 않으면 엄마는 Tina에게 블록을 보여 주고 구어로 지시한다. 그러자 Tina는 블록을 사용하여 아기에게 음식을 먹여 주는 시늉을 한다. 엄마는 Tina를 칭찬하고 Tina가 원하는 방식으로 인형을 가지고 놀게 한다.

　다음 페이지의 '가정에서 해보기!'에는 놀이 확장 촉진하기의 예가 있다. 이 장 마지막의 두 번째 양식은 실천계획표이다. **새로운 기능 가르치기** 기법의 일부 또는 전부를 사용할 때 이 실천계획표를 활용할 수 있다. 새로운 기능 가르치기 기법에는 **의사소통 촉진하기, 의사소통 이해 촉진하기, 모방 촉진하기, 놀이 확장 촉진하기**가 있다. 코치의 도움을 받아 실천계획표의 윗부분을 완성하고, 집에서 연습한 후 아랫부분을 기록할 수 있다.

가정에서 해보기!　놀이 확장 촉진하기

아이가······　　　　　　　당신은 ······

장난감 놀이	
장난감 자동차를 가지고 놀면	• 작은 조각상을 들어 자동차에 넣는다. • 블록으로 타워를 지은 후, 자동차를 타워에 부딪쳐 무너뜨린다. 아이가 타워를 짓고 자동차로 무너뜨리기를 반복하도록 촉진한다. • 자동차를 들고 "차가 너무 지저분하다."라고 말한다. 아이가 세차하는 척하는 새로운 행동을 할 때까지 조금 더 지원한다. • 아이와 역할 놀이를 하며 주제를 공유하도록 돕는다. 예를 들어, 교통 혼잡을 정리하는 교통경찰인 척 놀이한다.
장난감 동물을 가지고 놀면	• 아이에게 동물 역할을 하게 한다. 예를 들어, 강아지 장난감을 가지고 놀 때 아이에게 강아지 역할을 하게 해 네 발로 기고 멍멍 짖게 한다. • 다른 물건을 음식인 척 아이에게 건네고, 아이가 강아지에게 먹이를 주는 새로운 놀이 행동을 한다. • 반려동물 주인인 척하고, 아이가 수의사가 되어 먹이도 주고 진찰도 하게 한다.
활동 놀이	
그네를 타면	• 동물 모형이나 인형을 가지고 와서 아이에게 주어 아이가 장난감을 그네에 태우게 한다.
공을 가지고 놀면	• 공을 차거나, 상자에 넣으려고 던지거나, 굴리거나, 던지는 등 공을 가지고 할 수 있는 새로운 행동을 아동에게 보여 준다.
식사 시간/간식 시간	
간식을 먹으면	• 동물 모형이나 인형을 식탁으로 가지고 온다. 아이에게 장난감에게 먹이를 주고, 얼굴을 씻기고, 식탁을 정리하는 듯한 행동을 하도록 한다.
준비된 음식 재료를 보고 좋아하면	• 아이가 재료를 재 보고, 젓고, 섞거나 흔들어 보도록 한다. 이는 나중에 아이가 장난감으로 가상 놀이를 하는 데 도움이 된다.
목욕 시간	
목욕을 하면	• 물레방아, 컵, 용기, 물건을 담는 용기, 물에 뜨는 고무 재질의 장난감, 태엽 장난감 또는 수성 크레용과 같은 새로운 장난감을 가져온다. 장난감을 가지고 아이가 기능적으로 놀거나 가상 놀이를 하도록 도움을 준다. • 아이의 놀이에 또 다른 단계를 추가한다. 예를 들어, 아이가 물을 떠서 붓는 놀이를 좋아하다면, 장난감 위로 물을 붓거나 장난감을 씻기는 가상 놀이를 하도록 도움을 준다.

실천계획표
촉진과 보상

계획하기

날짜:

예상되는 어려운 점은 무엇인가요?

해결 방법:

목표(들):

활동(들):

집중하기와 조절하기 | 새로운 의사소통 기회 만들기 | 기다리기 | 좀 더 복잡한 기능 제시하기 | 보상과 확장

되돌아보기

해결 방법:

잘 되었던 점은 무엇인가요?

어려웠던 점은 무엇인가요?

실천계획표
새로운 기능 가르치기

날짜:

계획하기

목표(들):

활동(들):

예상되는 어려움은 무엇인가요?

해결 방법:

보상과 확장

촉진
1.
2.
3.

기다리기

새로운 의사소통 기회 만들기

집중하기와 조절하기

되돌아보기

해결 방법:

잘 되었던 점은 무엇인가요?

어려웠던 점은 무엇인가요?

제6장
상호작용 형성하기

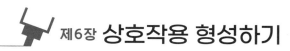

제6장 상호작용 형성하기

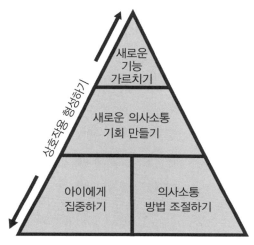

프로젝트 ImPACT에서 소개한 기법들을 함께 사용하여 아이의 사회적 의사소통 기술 향상시키자.

상호작용 형성하기
- 아이의 참여와 학습을 유지하기 위해 F.A.C.T.S. 피라미드의 위, 아래로 이동하기
- 아이의 동기, 기분, 활동에 따라 전략 선택하기

지역사회에서 프로젝트 ImPACT 사용하기
- 아이가 좋아하는 물건을 가져가기
- 소소한 학습의 기회 많이 만들기

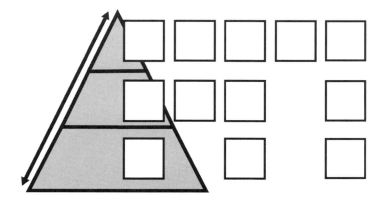

　　프로그램의 마지막 단계는 아이의 사회적 의사소통 기술을 향상시키기 위해 프로그램의 여러 전략을 함께 사용하는 **상호작용 형성하기**이다. 이는 프로젝트 ImPACT F.A.C.T.S. 중 S에 해당한다. **상호작용 형성하기**의 기본 목표는 아이가 새로운 기능을 익히는 동시에 상호작용에 재미있게 참여하는 것이다. 만약 당신이 아직 준비되지 않았다면, **지역사회 활동에서 프로젝트 ImPACT**를 시작할 수도 있다.

　　F.A.C.T.S.를 기억하자. 항상 **아이에게 집중하기**와 **의사소통 방법 조절하기**에서부터 시작한다. 그 이유는 이러한 전략이 당신과 아이가 함께 활동에 참여하는 데 도움이 되기 때문이다. 만약 아이가 스스로 의사소통을 시작하지 않거나 아이의 관심을 끌 필요가 있다면, 피라미드에서 한 단계 위인 **새로운 의사소통 기회 만들기**로 이동한 다음 기다린다. 만약 아이가 반응하면, 아이의 행동에 의미 있게 반응해 주거나 피라미드에서 한 단계 위인 **새로운 기능 가르치기**로 이동한다. 때로는 아이의 행동에 즉각 반응해야 할 수 있고 때로는 새로운 기능을 사용하도록 촉진할 수도 있음을 명심하자. 어떤 전략을 선택하는가는 아이의 기능, 동기, 기분 및 활동 등에 따라 달라진다.

상호작용 형성하기

아이와의 **상호작용을 형성**하는 방법을 배우자. 그래서 아이가 새로운 기능을 배우는 동안 상호작용에 잘 참여하고 재미를 느끼도록 하자. 또한 아이의 반응에 따라 프로젝트 ImPACT 전략 중 어떤 것을 사용할지 결정하자. 이 모든 것이 조화롭게 이루어져야만 성공적인 상호작용을 형성할 수 있다.

◉ 아이의 참여와 학습을 유지하기 위해 F.A.C.T.S. 피라미드의 위, 아래로 이동하기
[그림 6-1]을 참고하면 **상호작용 형성하기**를 위해 서로 다른 전략을 얼마나 자주 사용하고 어떤 목적으로 사용하는지 생각하는 데 도움이 된다.

- 아이가 활동에 함께 참여하는 것을 돕기 위해 피라미드의 하단에 위치한 **아이에게 집중하기**와 **의사소통 방법 조절하기** 기법부터 사용한다. 아이와 상호작용하는 대부분의 시간에 이러한 기법을 사용하자.

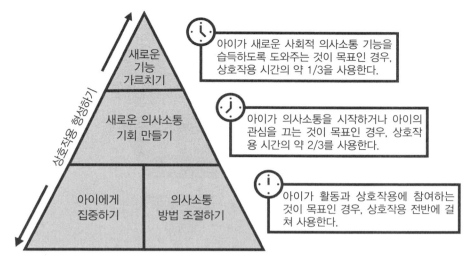

[그림 6-1] F.A.C.T.S. 전략 사용 시간과 목적에 대한 가이드

• 아이가 피라미드 아래에 위치한 기법에 반응하지 않거나 새로운 기술을 가르치고 싶은 경우, 피라미드 위로 올라가 **새로운 의사소통 기회 만들기** 기법을 사용하여 아이가 상호작용을 시작하거나 관심을 갖도록 격려하자. 2/3 시간 정도는 아동의 상호작용 개시에 반응해 주자.

• 시간의 1/3 정도는 피라미드 위쪽에 있는 **새로운 기술 가르치기**로 나아갈 수 있다.

• 피라미드 위로 올라갈 때 아이가 흥미를 잃거나 좌절감을 느끼는 경우, 다시 아래로 내려가 아이를 다시 참여시키자. **상호작용 형성하기**는 아이에게 새로운 기술을 가르치는 동안에 그 활동이 흥미롭고 재미있어야 한다는 것을 기억하자.

> ❗ F.A.C.T.S. 피라미드 정상에서 너무 많은 시간을 보내려고 한다면 아이는 좌절할 것이다. 반대로 하위 수준에서 너무 많은 시간을 보내면 아이는 도전감을 느끼지 못할 것이다.

◍ 아이의 동기, 기분, 활동에 따라 전략 선택하기

일반적으로는 아이의 사회적 의사소통 기술을 향상시키기 위해 여러 중재 전략을 함께 사용하고 싶겠지만, 여러 전략 중 일부만 사용하는 것이 더 나은 경우도 있다. 전략의 선택은 아이의 동기와 기분 그리고 특정 활동에 따라 달라진다. [그림 6-2]를 참고하여 사용할 전략을 결정하자. 다음의 질문에 스스로 답을 찾아보자.

• 아이에게 동기가 있나? 아이가 좋아하는 간식을 먹거나 좋아하는 장난감을 가지고 노는 것처럼 좋아하는 물건이나 활동에 대한 동기가 매우 높으면, 아이가 그 활동에 잘 참여할 가능성이 높아진다.

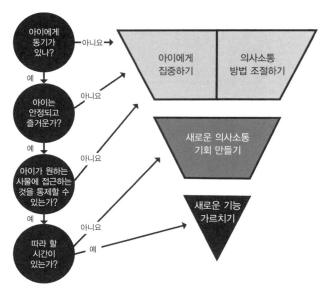

[그림 6-2] 아이의 동기, 기분, 활동에 따른 전략 선택 과정

– 아이에게 동기가 있다면, **새로운 의사소통 기회 만들기** 또는 **새로운 기능 가르치기** 전략을 시도하자.

– 아이가 옷을 입거나 장난감을 치우는 것처럼 물건이나 활동에 대한 동기가 없다면, **아이에게 집중하기**와 **의사소통 방법 조절하기** 전략을 시도하자.

?

아이에게 집중하기와 **의사소통 방법 조절하기** 전략을 적용하기 가장 적합한 일상생활 활동은 무엇일까?

• **아이는 안정되고 즐거운가?** 아이가 안정되고 즐거우면 아마 다른 기법에도 잘 반응할 것이다.

– 아이의 기분이 좋다면, **새로운 의사소통 기회 만들기** 또는 **새로운 기능 가르치기** 전략을 시도하자.

– 아이가 심하게 좌절감을 느끼거나, 피곤해하거나, 화가 난 경우, 놀이를 못하게 막거나 새로운 기술을 요구하면 짜증(tantrum)을 낼 수 있다. 이럴 경우, **아이에게 집중하기**와 **의사소통 방법 조절하기** 전략을 사용할 수 있다.

• **아이가 원하는 사물에 접근하는 것을 통제할 수 있는가?** 어떤 활동은 특정 전략을 사용하는 것이 나을 수 있다.

– 아이가 좋아하는 사물을 갖거나 활동에 참여하는 것을 통제할 수 있는 경우, **새로운 의사소통 기회 만들기**와 **새로운 기능 가르치기**를 시도하자. 예를 들어, 간식 시간에 소량의 간식을 사용할 수 있다면, 아이의 상호작용 개시에 대해 보상해 주거나 새로운 기술을 사용하도록 촉진할 수 있다.

– 아이가 물건을 갖거나 지시 따르는 것을 통제할 수 없는 경우, **아이에게 집중하기**와 **의사**

소통 방법 조절하기 기법을 사용하자. 예를 들어, 접근을 통제하는 것이 아이의 짜증을 유발하지만 원치 않는 행동이라면, 접근을 제한하기보다 **아이의 주도 따르기, 아이 모방하기, 애니메이션처럼 표현하기,** 또는 **모델링하고 의사소통 확장하기** 기법을 시도하자.

• **전략을 이행할 시간이 있는가?** 새로운 기술을 가르칠 때, 지시한 것을 아이가 하도록 도와주는 데 필요한 시간이 충분한지 확인하자.

  – 촉진하거나 교수할 시간이 있다면 **새로운 기능 가르치기** 전략을 사용한다.

  – 만약 집을 나서기 위해 서두르는 것처럼 시간이 없는 경우라면, **아이에게 집중하기, 의사소통 방법 조절하기, 새로운 의사소통 기회 만들기** 전략을 사용하는 것이 낫다.

> **?**
> **일상생활 활동 중 새로운 기능 가르치기** 전략에 적합한 활동은 무엇일까?

프로젝트 ImPACT 전략 사용에 익숙해지면, 이러한 전략을 아이의 하루 일과 시간 내내 사용할 수 있다. 학습의 기회를 만드는 데는 잠깐의 시간이면 된다. 일과 중에는 아이의 사회적 의사소통 기능을 형성하는 데 도움이 되는 기회가 아주 많다. 코치와 상의하여 가족이 각각의 전략을 통합하기에 가장 좋은 시간을 선택하자. 각각의 활동마다 그 활동에 적합한 기법이 있다는 것을 알게 될 것이다.

[그림 6-3]을 보면, Jerome이 옷을 입을 때 Jerome의 엄마는 옷의 이름을 알려 주는 방법의 의사소통을 택한다. [그림 6-4]를 보면, Jerome의 엄마는 서로 다른 여러 활동에서 단단어 수준으로 표현하는 것을 Jerome의 목표로 설정하였다. (좋아하는 활동은 아니지만) Jerome이 아침에 옷을 입을 때, 엄마는 한 단어 수준으로 각 의류 품목의 이름을 말한다. Jerome이 가장 좋아하는 활동인 간식 먹기 시간에 엄마는 아이에게 한 단어로 요청하도록 촉진한다. Jerome은 엄마가 식기세척기에서 그릇을 꺼내는 것을 보는 것을 좋아한다. 하지만 이는 보통 빨리 해야 하는 활동이기 때문에 엄마는 그릇을 꺼낼 때마다 각 식기의 명칭을 말한다.

[그림 6-3] 상호작용 형성하기

Jerome 엄마는 Jerome이 옷을 입는 동안 옷의 이름을 알려 주는 방식으로 **의사소통 방법 조절하기** 전략을 적용한다.

활동: 옷 입기

> Jerome이 옷을 입을 때,
> 옷의 이름을 알려 준다.

활동: 간식 먹기

> 간식 용기를 열기 전에 Jerome이
> "도와줘요."라고 말하도록 촉진한다.

활동: 설거지

> 식기세척기에서 그릇을 꺼낼 때마다
> 각각의 식기 명칭을 알려 준다.

활동: 외출하기

> 문을 열기 전, Jerome이 "문 열어요."라고
> 말하도록 촉진한다.

활동: 목욕하기

> 물을 틀기 전, Jerome이 "물 틀어요."라고
> 말하도록 촉진한다.

활동: 취침 시간

> 익숙한 자장가를 불러 주되,
> 각 소절의 마지막은 불러 주지 않는다.

[그림 6-4] Jerome의 엄마가 여러 활동에서 Jerome이 단단어를 사용도록
돕기 위해 **상호작용 형성하기** 전략을 연습하는 예

Jerome이 밖에 나가는 것과 물 트는 것을 굉장히 좋아하기 때문에, 외출하기 전과 목욕 시간에 단단어를 사용하여 요청하도록 촉진한다. 취침 시간에 엄마는 Jerome에게 익숙한 자장가를 부른다. 엄마는 Jerome이 가장 좋아하는 노래의 마지막 부분을 들려주지 않고 아이가 마지막 부분을 부르도록 격려한다. Jerome의 엄마는 아이가 선호하지 않는 활동을 하거나 여유롭지 않은 상황에서는 피라미드의 아래쪽 전략을 선택한 반면 아이가 매우 선호하는 활동을 하는 상황에서는 **새로운 기능 가르치기** 전략을 선택했다.

이 장의 끝부분에는 **상호작용 형성하기** 전략을 사용하는 데 도움이 되는 실천계획표 양식이 있다. 실천계획표에는 **상호작용 형성하기**의 기초적인 접근법과 함께 다음에서 다룰 **지역사회에서 프로젝트 ImPACT 사용하기**가 포함된다. 코치의 도움을 받아 실천계획표 윗부분을 완성하고, 가정에서 연습한 후 아랫부분을 완성하는 방법을 익히자.

지역사회에서 프로젝트 ImPACT 사용하기

지역사회에서 아이와 함께 놀고 상호작용하기 위해 프로젝트 ImPACT 전략을 사용하는 경우가 있다. 전략을 사용하면 아이가 지역사회에 계속 참여하고, 지루함이나 좌절감을 느끼는 것을 줄이는 데 도움이 된다. 지역사회에서의 연습은 또한 아이가 더 많은 사람과 함께 새로운 환경에서 기술을 사용하는 데 도움이 된다. 지역사회 활동 일정표(이 장 마지막의 두 번째 양식)를 사용하여 언제 전략을 사용하는 것이 가장 적절한지 확인하자. 다음은 **지역사회에서 프로젝트 ImPACT 사용하기** 전략을 성공적으로 사용하는 데 도움이 되는 몇 가지 사항이다.

⬤ 아이가 좋아하는 물건을 가져가기
지역사회로 외출할 때 아이에게 익숙한 장난감이나 물건을 보여 주는 것은 아이가 상호작용하고 지시를 따르는 데 도움이 될 수 있다.

- 가정과는 다른 환경에서 아이가 새로운 기술을 사용하도록 돕기 위해 아이가 좋아하고 친숙한 장난감을 외출할 때 가져가자. 예를 들어, 의사의 처방전을 기다리는 동안 미리 가져온 아이가 가장 좋아하는 책을 함께 본다.

> ❓ 지역사회로 외출할 때 챙겨 나갈 수 있는 아이가 가장 좋아하는 물건은 무엇일까?

- 또한 외출한 상황에서 지시를 따르는 것에 대한 보상으로 좋아하는 장난감이나 물건을 사용

할 수 있다. 예를 들어, 수영장 물 밖으로 나오라는 지시를 아이가 따른 후에는 아이가 좋아 하는 소방차를 가지고 놀게 한다.

◎ 소소한 학습의 기회 많이 만들기

지역사회로 외출한 경우, 프로젝트 ImPACT 전략을 사용하여 작지만 의미 있는 학습의 기회를 만든다. 소소한 학습의 기회가 시간이 지남에 따라 쌓이게 되고, 이는 아이의 사회적 의사소통 기술 발달에 도움이 된다.

- 다양한 여러 장소에서 소소한 학습의 기회를 만들자. 이는 아이가 가진 기능을 여러 환경에 서 여러 사람을 대상으로 자주 사용하는 데 도움이 된다. 예를 들어, 버스를 기다리는 동안 아이의 소리와 움직임을 모방하거나, 좋아하는 식당에 갔을 때 아이가 좋아하는 음식을 조 금씩 건네주며 아이에게 더 많이 달라고 요청하도록 한다.

- 이러한 전략을 사용할 때 일정 시간 동안 집중하거나 오랜 시간 동안 하지 않아도 된다. 예를 들어, 차에 탈 때 아이가 차 문을 열기 전에 "열어 줘요."라고 말한다.

> **?** 프로젝트 ImPACT 전략을 사용하기에 좋은 지역사회 활동은 무엇일까?

> **?** 아동의 목표에 도달하기 위해 활동을 하는 동안 전략을 어떻게 사용할 수 있을까?

- 다시 말하지만, 어떤 전략을 사용할지를 선택하는 기준은 아이의 동기, 기분 그리고 현 재의 상태가 되어야 한다. 잊지 말자. **아이에게 집중하기**와 **의사소통 방법 조절하기** 전략은 아이가 함께 상호작용하는 경우에 적합하다. **새로운 의사소통 기회 만들기**와 **새로운 기술 가르치기** 전략을 지역사회에 서 사용하기에는 좀 더 까다로울 수 있다.

- 아이에게 특별히 어려운 활동이 있는 경우, 코치와 상의하여 이러한 특정 시간 동안 상호작 용을 개선하는 방법을 모색할 수 있다.

[그림 6-5]를 보면, Mia 아빠는 여러 지역사회 환경에서 Mia 가 가리키기 방법으로 의사소통하는 것을 목표로 한다. Mai가 동기부여되어 있고 아이가 원하는 것을 아빠가 통제할 수 있는 경우, Mai의 아빠가 도서관, 공원, 수영장 및 차에서 아이에게 새로운 기술을 가르치는 방법을 살펴보자.

> **!** 어떤 부모는 친숙한 환경의 지역 사회에서 전략을 연습하거나, 지 역사회가 붐비거나 바쁘지 않은 시간대에 연습하는 것이 도움이 된다고 생각한다.

활동: 상점

> 카트에 물건을 담으며
> 물건의 이름을 말한다.

활동: 도서관

> Mai가 읽을 책을 가리키도록 촉진한다.

활동: 산책하기

> 산책할 때 Mai가 바라보는 사물을 가리키고
> 이름을 말한다.

활동: 공원

> 그네에 타기 전,
> 그네를 가리키도록 촉진한다.

활동: 수영장

> 물에 들어가기 전,
> 물을 가리키도록 촉진한다.

활동: 자동차

> 카시트의 벨트를 풀기 전,
> 벨트를 가리키도록 촉진한다.

[그림 6-5] 다양한 지역사회 환경에서 Mai가 가리키기 기능을 할 수 있도록 돕기 위해
Mai 아빠가 지역사회에서 프로젝트 ImPACT를 실천하는 방법

Mai 아빠는 상점을 이용할 때와 산책할 때처럼 사물에 접근하는 것을 제어하는 것이 쉽지 않은 상황에서는 피라미드 하단의 전략들을 사용했다.

다음 페이지의 '가정에서 해보기!'에는 **지역사회에서 프로젝트 ImPACT 사용하기**기법이 제시되어 있다. **상호작용 형성하기** 기본 접근법과 **지역사회에서 프로젝트 ImPACT 사용하기** 모두 **상호작용 형성하기**를 위한 실천계획표에 작성할 수 있다. 코치의 도움을 받아 실천계획표 윗부분을 완성하고 가정에서 연습한 후 아랫부분을 완성할 수 있다.

가정에서 해보기!   지역사회에서 프로젝트 ImPACT 사용하기

아이가······	당신은 ······
식품매장에 있다면	• 얼굴을 마주 보는 방향으로 아이를 카트에 앉힌다. • 카트에 물건을 넣으며 품목의 이름을 말한다. 어떻게 보이고, 어떤 느낌이고, 맛은 어떤지 묘사할 수 있다. • 비슷한 물건 두 개를 들고 어떤 것을 카트에 넣을지 아이에게 선택하게 한다. 예를 들어, 두 개의 시리얼 상자를 아이에게 보여 준 후, 아이에게 어떤 것이 좋을지 제스처나 말로 선택하게 한다. • 아이가 카트에 타는 것을 좋아한다면, 카트를 밀지 말고 아이가 다시 밀어 달라고 요청할 때까지 기다린다. • 빨리 가고 싶은지 혹은 천천히 가고 싶은지 묻는다. • 쇼핑하려는 물건을 아이가 잡도록 말한다. 예를 들면, 과일을 살때 사과와 바나나를 들고 "바나나 잡아."라고 말한다. • 색상, 모양, 크기 또는 숫자 등 항목을 선택하도록 아이에게 말하여 새로운 언어 개념을 가르친다. 예를 들면 "사과 3개 가져오기." 또는 "노란색 연필 찾기."라고 말한다. • 여러 개의 간식 중 아이가 원하는 것이 무엇인지 물어보아 아이가 원하는 간식을 요청하도록 가르친다. 언어로 촉진하기 이전에 **새로운 의사소통 기회 만들기** 전략을 사용하는 것을 기억하자.
공원에 있다면	• 흥미로운 것을 가리키자. • 아이가 모래놀이터에서 모래를 옮기며 놀고 있다면, 아이 옆으로 모래를 가져다 놓거나 아이의 손가락 위로 모래를 살살 붓는다. • 공원에서 놀고 싶은 것이 무엇인지 말하도록 촉진한다. 촉진하기 전 아이의 관심을 끌기 위해 **놀이 방해하기** 또는 **의사소통 유혹하기**(그네 잡고 있기) 기법 사용하기를 잊지 말자. • 아이가 그네 타기를 좋아한다면 밀어 주었다가 멈추자. 아이가 다시 밀어 달라고 말하도록 촉진한다. • 아이가 미끄럼틀에서 노는 것을 좋아한다면, 당신 차례에 미끄럼틀을 타고 내려간다.

아이가……	당신은 ……
산책 중이라면	• 보고 듣는 것에 대해 이야기한다. 꽃이나 집을 세거나, 특정 색상의 것을 찾거나, 모양에 대해 이야기할 수 있다. • 산책할 때 재미있는 모양의 돌멩이나 잎사귀를 집어 아이에게 보여 준다. 아이가 요구할 때까지 기다린다. • 교차로에 가까워지면 어느 길로 걸을지 아이에게 선택하도록 한다. 아이는 제스처나 단어로 선택할 수 있다. • 아이가 유모차에 타고 있다면 밀지 말고 가자고 할 때까지 기다린다. • 걸으면서 스톱 앤 고(stop-and-go) 놀이를 한다. 예를 들어 "고."라고 말하고는 몇 걸음 걷고, 그런 다음 "스톱."이라고 말하고 아이가 멈추게 한다. 만약 아이가 관심을 보인다면 "스톱."과 "고."라고 말하게 한다. • 깡충깡충 뛰기, 건너뛰기, 달리기, 까치발로 걷기 등 다양한 방법으로 번갈아 걷는다. 내 차례일 때, 아이가 모방하도록 돕는다.
도서관에 있다면	• 아이가 좋아하는 책을 찾도록 시킨다. 예를 들어, 아이가 공룡을 좋아한다면, "공룡 책 가져와."라고 말한다. • 두 권의 책을 들고서, 읽고 싶은 책을 선택하게 한다. • 아이가 좋아하는 책을 대출하도록 촉진한다.
차 안에 있다면	• 운전할 때 창 밖에 보이는 것을 이야기한다. 예를 들어, "워터 타워가 있네." "자전거가 보이네."라고 말한다. • 목적지를 이야기한다. 예를 들어, "우리는 마트에 갈 거야. 크래커랑 우유 사러 갈 거야."라고 말한다. • 신호등이나 정지 표지판에서 멈추었을 때, 왜 멈추었는지 설명한다. 예를 들면, "빨간색 신호등은 멈추라는 의미이고 초록색 신호등은 이동하라는 의미야."라고 말한다. • 아이가 좋아하는 음악을 들려주다가 음악을 끄고, 아이가 원하는 것을 언어로 모델링한다. 예를 들면, "음악 틀어 줘."라고 말하고 음악을 다시 들려준다. • 차 안에 있을 때는 **새로운 의사소통 기회 만들기** 전략을 사용하는 것이 쉽지 않다는 것과 아이가 응답하지 않아도 후속 조치를 취할 수 없다는 것을 잊지 말자. **새로운 의사소통 기회 만들기**나 **새로운 기능 가르치기**보다는 **아이에게 집중하기**와 **의사소통 방법 조절하기** 전략을 사용해야 한다.

실천계획표
상호작용 형성하기

날짜:

계획하기

목표(들):

예상되는 어려움은 무엇인가요?

해결 방법:

활동:

활동:

활동:

활동:

활동:

활동:

되돌아보기

해결 방법:

잘 되었던 점은 무엇인가요?

어려웠던 점은 무엇인가요?

지역사회 활동 스케줄

아동: _____　부모: _____　날짜: _____

지역사회에서 아이와 함께 정기적으로 하는 활동이나 일과를 적어도 세 가지 이상 쓰시오. 각 활동에 대해 간단하게 설명하고, 아이와 얼마나 자주 참여하는지, 그리고 참여한 시간을 기록하시오. 마지막 열에 아이가 일상을 즐거워하는지[E], 참고 견디는지[T] 또는 저항하는지[R] 표시하시오.

활동	설명	참여 빈도	시간	아동 반응

제7장
앞으로 나아가기

제7장 앞으로 나아가기

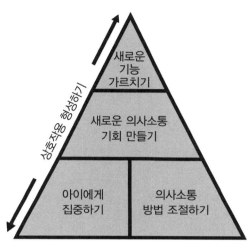

프로젝트 ImPACT를 가족의 생활 일부로 만들기

아이의 목표 업데이트하기
- 아이의 진전 상황 검토하기
- 필요에 따라 새로운 목표 개발하기

성공을 유지하기 위해 계획하기
- 가족의 성과 인식하기
- 프로젝트 ImPACT 전략을 사용하며 겪는 문제 해결하기
- 다른 사람에게 가르치기
- 가족의 요구 사항 확인하기

이제부터는 프로젝트 ImPACT를 가족 생활의 일부분으로 만들기 위해 필요한 기능을 갖추어야 한다. 프로그램에서 소개한 기법을 배우고 실천하기 위해서는 노력이 필요하다. 하지만 연습을 많이 하면 할수록 기법을 익히는 것이 더 쉬워진다. 기법을 사용하는 방법을 배우는 것은 자동차 운전을 배우는 것과 유사하다. 처음에는 사소한 일에 대해 하나하나씩 모두 생각해야 하지만 점점 연습을 많이 할수록 자연스러워지고 생각을 덜 하게 된다.

이제 **아이의 목표를 업데이트**하여 다음에 무엇을 해야 하는지 알아보자. 더 나아가 **성공을 유지하기 위한 계획** 또한 세우자. 이 과정에는 아이의 사회적 의사소통 기술 발달에 도움을 주기 위해 프로젝트 ImPACT 전략을 계속 사용하는 지원 과정도 포함된다. 또한 다른 무엇보다 가장 중요한 것인 당신과 아이가 이룬 성과와 진전을 인지하는 것도 포함된다.

아이의 목표 업데이트하기

이제는 목표를 향해 아이가 진전을 보이고 있는지 검토하고 만약 필요하다면 새로운 목표를 설정할 시기이다. 진전을 검토하고 새로운 목표를 설정하는 것은 다음 단계에 해야 할 일이 무엇인지 파악하는 데 도움이 된다.

◉ 아이의 진전 상황 검토하기
아이의 진전도를 검토하고 현재의 사회적 의사소통 기능을 측정하는 것은 이후의 목표 설정에 도움이 된다.

- 프로그램 초기 단계에서 설정한 목표를 살펴보자(제1장의 자녀 목표 양식 사용). 각각의 목표에 대한 아이의 현재 능력에 대해 숙고한다.

> **?**
> 아이가 목표를 향해 진전을 보이는가?

> **!**
> 아이가 많은 진전을 이루지 못했다면 지원하는 서비스를 변경하거나 추가할지를 코치와 상의한다.

- 사회 의사소통 체크리스트(이 장 마지막의 첫 번째 양식)를 사용하여 아이의 현재 기능을 파악한다. 이를 프로그램 시작 시기에 작성했던 체크리스트(제1장 참조) 결과와 비교하여 아이가 전반적으로 진전되고 있는지 알아본다.
- 아이의 진전도와 현재의 기능을 측정하기 위해 코치는 사정을 진행할 수 있다.

◉ 필요에 따라 새로운 목표 개발하기
아이가 하나 또는 그 이상의 목표에 도달했다면, 이제는 새로운 목표를 설정해야 한다. 그런데 만약 아이가 목표에 도달하지 못하고 있다면, 추가로 다른 목표를 설정하는 것이 더 적절할 수도 있다.

- 사회적 의사소통 체크리스트(이 장 마지막의 첫 번째 양식)를 이용하여 새로운 목표를 설정한다.
- 잊지 말자. 선택한 목표는 의미 있고 중요하며, 3개월 이내에 달성할 수 있는 것이어야 한다!

가르치기 가장 좋은 기능은 아이가 늘 하는 것이 아닌 가끔씩 할 수 있는 기능이다.

- 앞으로도 계속해서 3~4 개월마다 아이의 목표를 검토하고 업데이트한다.

> **!** 아이가 아직 도달하지 못한 추가 적인 사회적 의사소통 목표에 대 해 코치와 상의한다.

- **아이의 목표 업데이트하기**를 위한 실천계획표(이 장 끝에 있는 두 번째 양식)에 선택한 목표를 기록한다. 코치의 도움을 받아 연습 계획의 상단 부분을 완성하고 집에서 연습 한 후 하단 부분을 완성한다.

성공을 유지하기 위해 계획하기

다음 단계에 대해 코치와 이야기를 나누기 좋은 시점이다.

◎ 가족의 성과 인식하기
성공은 아이와 당신이 이룬 것임을 기억하자!

- 매일매일 아이가 잘한 것을 기록한다. 그것이 사소한 것이라도 괜찮다. 아이가 한 새로운 제스처, 말, 새로운 놀이 기술, 또는 마음을 따뜻하게 만드는 미소 등 모두를 기록한

> **?** 이 프로그램을 통해 당신과 아이 가 이뤄 낸 성과는 무엇인가?

다. 좌절감이나 중압감을 느낄 때 이러한 작은 성취들을 꺼내 보면 아이가 매일 발전하고 있 다는 사실을 상기할 수 있다.
- 매일매일 아이를 위해 하는 모든 일을 되돌아보자. 아이가 사회적 의사소통 기능을 개발하 도록 도운 것에 대해 스스로를 인정하자.

◎ 프로젝트 ImPACT 전략을 사용하며 겪는 문제 해결하기
- 프로젝트 ImPACT 전략 중 아이에게 가장 적합한 전략이 무엇인지 생각한다. 또한 사용하기 에 특히 어려웠던 전략이 무엇인지 알아보고 검토한다.

> **?** 앞으로 나아가고자 할 때, 프로젝 트 ImPACT 전략을 사용하는 것이 어려운가?

- 프로젝트 ImPACT 전략을 배우거나 사용하면서 겪었던 어려 움에 대해 생각한다. 프로젝트 ImPACT 전략을 일상에서 더 쉽게 적용할 수 있는 방법에 대해 코치와 이야기한다.

- 프로젝트 ImPACT 전략을 계속 사용하는 데 도움이 될 만한 추가 지원에 대해 코치와 상의한다.
- 전략을 사용하는 기술을 유지하기 위해 코치와 후속 약속을 잡고, 추가적인 만남도 계획한다. 얼마나 자주 만나고 싶은지 코치와 이야기한다.

◉ 다른 사람에게 가르치기

중재 방법에 대해 익혔으니 이제는 다른 사람에게 프로젝트 ImPACT 전략을 가르쳐 그 사람이 아이에게 적용하도록 한다.

> **?** 누구에게 프로젝트 ImPACT 전략을 가르쳐 사용하도록 할까?

- 아이에게 서비스를 제공하는 제공자와 전략을 공유한다.

> **!** 다른 사람을 가르치는 것이 어려운 경우, 이들과 전략을 공유하는 방법에 대해 코치의 자문을 구한다.

- 또한 가족 구성원과 친구에게 전략 사용 방법을 가르칠 수 있다. 파트너, 조부모, 이웃, 주간 보호사 등에게 전략 사용 방법은 큰 도움이 될 수 있다.
- 아이의 형제자매에게 **아동에게 집중하기**와 **의사소통 방법 조절하기**에 나오는 몇 가지 기법을 가르쳐 아이가 함께 놀 수 있도록 한다.

◉ 가족의 요구 사항 확인하기

가족이 필요로 하는 서비스와 지원에 대해 생각해 보자. 코치로부터 조언이나 제안을 들을 수 있다.

- 이 프로그램에서 다루지 않은 목표에 대해 생각한다.
- 중재 유지 계획에 대해 의논한다. 아이에게 도움이 될 만한 다른 서비스에 대해 생각한다.

> **?** 프로젝트 ImPACT에서 다루지 않은 목표는 무엇인가?

- 당신과 당신 가족에게 도움이 될 수 있는 지원이나 서비스에 대해 이야기한다.

이 장 마지막의 세 번째 양식은 **성공을 유지하기 위해 계획하기**를 위한 실천계획표이다. 코치의 도움을 받아 실천계획표의 윗부분을 완성하고 집에서 연습한 후 아랫부분을 완성한다.

사회적 의사소통 체크리스트(부모 버전)

아이: _____   부모: _____   날짜: _____

아이의 현재 사회적 의사소통 기술을 더 잘 이해하고 사회적 참여, 의사소통, 사회적 모방과 놀이 영역에서 적절한 목표를 선택할 수 있도록 사회적 의사소통 체크리스트를 작성한다. 표에 있는 리스트는 일반적으로 어린아이들이 발달하는 순서대로 나열된 것이다.
이 양식은 아이가 도움 없이 스스로 할 수 있는지에 기반을 두고 작성한다.

- 각각의 기술을 아이가 사용할 수 있는지 표기하라[**일반적으로**(당시 적어도 75% 수행함), 때때로 그러나 일관적이지 않음, 거의 하지 않음 또는 아직 나타나지 않음].
- 32~36번 문항에서 만약 아이가 이 기술을 **일반적으로** 혹은 **가끔** 사용한다면 아이가 **좀 더 자주** 사용하는 전략 유형을 기술한다(비구어 전략 혹은 구어 사용).
- 아이가 후기에 발달하는 기능을 사용하기 때문에 더 이상 발달 초기에 나타나는 기능을 사용하지 않는다면(예: 옹알이를 사용했으나 지금은 낱말을 사용한다), 발달 초기 기능에는 **일반적으로** 사용한다고 체크한다.

기술	일반적으로 사용함 (당시 적어도 75% 수행함)	때때로 사용함 그러나 일관적이지 않음	거의 사용하지 않거나 아직 나타나지 않음
사회적 참여			
1. 아이가 얼굴을 마주 보고 당신과 상호작용하나요?			
2. 아이가 당신이나 다른 가족 가까이 있는 것을 선호하나요?			
3. 아이가 간단한 사회적 게임을 적어도 세 번 정도 주고받나요? (예: 까꿍 놀이, 잡기 놀이, 짝짜꿍 놀이)			
4. 아이가 적어도 5분 이상 당신과 사회적 게임에 활발하게 참여하나요?			
5. 아이가 적어도 10분 이상 당신과 사회적 게임에 활발하게 참여하나요?			
6. 아이가 적어도 당신과 함께 2분 이상 활발하게 장난감 놀이에 참여하나요?			
7. 아이가 적어도 당신과 함께 5분 이상 활발하게 장난감 놀이에 참여하나요?			
8. 아이가 적어도 당신과 함께 10분 이상 활발하게 장난감 놀이에 참여하나요?			
9. 아이가 놀이를 주도하거나 당신이 놀이를 멈추었을 때 놀이를 지속하기 위해 시도하나요?(예: 눈맞춤 하기, 미소 짓기, 발성하기, 만지기)			

기술	일반적으로 사용함 (당시 적어도 75% 수행함)	때때로 사용함 그러나 일관적이지 않음	거의 사용하지 않거나 아직 나타나지 않음
10. 아이가 물건이나 사람에게 집중하도록 시도하였을 때(당신이 가리킬 때, 말할 때 또는 시선을 옮길 때) 반응하나요?			
11. 당신과 상호작용하거나 의사소통 시 눈맞춤을 하나요?			
12. 아이는 당신과 활동을 시작하거나 함께 노나요?(예: 엄마에게 장난감 가져다주기, 엄마와 함께 놀거리 찾기)			
13. 아이는 당신과 주고받기를 하나요?			
14. 자신에게 흥미 있는 물건을 당신에게 보여 주거나 가리키기를 하나요?			
15. 사람들과 만나거나 헤어질 때 인사를 하나요?			
의사소통 사용하기-형식(표현 언어)			
16. 아이는 옹알이나 말소리 같은 소리를 산출하나요?			
17. 아이는 물건이나 행동을 요구하기 위해서 제스처를 사용하나요? (예: 당신을 물건으로 유도하기, 가리키기, 신호 보내기)			
18. 두 가지를 제시하였을 때 손 뻗기나 눈 응시, 소리 혹은 낱말 말하기 등의 방법을 사용하여 확실하게 선택할 수 있나요?			
19. 아이는 당신의 말소리나 언어를 모방하나요?			
20. 아이는 자발적으로 한 낱말을 사용하나요?			
21. 아이는 물건의 이름을 명명하나요?			
22. 아이는 활동을 명명하나요?			
23. 아이는 낱말을 간단한 구로 조합하나요?(예: 차 간다, 기차 밀어)			
24. 아이는 물건을 설명하기 위해 낱말을 사용하나요?(예: 크고 빨간 공, 작은 초록색 공)			
25. 아이는 대명사를 적절하게 사용하나요?			
26. 다양한 문법형태소를 사용하나요?(예: ~하고 있다, 했다)			
27. 의사소통하기 위해 일관적으로 문장을 사용하나요?			
28. 자신에 대한 간단한 질문에 대답하나요?(예: 이름이 뭐야? 몇 살이야?)			
29. 원하는 것, 필요한 것 또는 환경에 대한 간단한 질문에 대답하나요?(예: 원하는 게 뭐야? 이게 뭐야? 어디야?) 만약 할 수 있다면 질문 유형에 체크하세요. ☐ 무엇 ☐ 어디			
30. 아이가 누구, 왜, 어떻게 질문에 대답하나요?(예: 누가 운전하니? 왜 슬퍼?) 만약 할 수 있다면 질문 유형에 체크하세요. ☐ 누구 ☐ 왜 ☐ 어떻게			

기술	일반적으로 사용함 (당시 적어도 75% 수행함)	때때로 사용함 그러나 일관적이지 않음	거의 사용하지 않거나 아직 나타나지 않음
의사소통 사용하기-기능(표현 언어)			
31. 아이는 당신에게 의도를 가지고 말처럼 들리는 소리나 옹알이를 사용하나요?(예: 의사소통하기 위해)			
32. 아이는 물건이나 활동을 요구하기 위해 제스처, 눈맞춤, 얼굴표정, 소리 또는 언어를 사용하나요? 이러한 기술을 일반적으로 혹은 가끔 사용한다면 물건이나 활동을 요구하기 위해 아이가 좀 더 자주 사용하는 전략을 표기해 주세요. ☐ 비언어적 전략(제스처, 눈맞춤, 얼굴 표정 또는 소리) ☐ 구어(낱말 혹은 문장)			
33. 아이는 어떤 것을 원하지 않거나 거부할 때 제스처, 눈맞춤, 얼굴 표정, 소리 혹은 언어를 사용하나요? 만약 아이가 이러한 기술을 일반적으로 혹은 가끔 사용한다면 물건이나 활동을 요구하기 위해 아이가 좀 더 자주 사용하는 전략을 표기해 주세요. ☐ 비언어적 전략(제스처, 눈맞춤, 얼굴 표정 혹은 소리) ☐ 구어(낱말 혹은 문장)			
34. 아이는 도움을 요청하기 위해 제스처, 눈맞춤, 얼굴 표정, 소리 또는 언어를 사용하나요? 만약 아이가 이러한 기술을 일반적으로 혹은 가끔 사용한다면 물건이나 활동을 요구하기 위해 좀 더 자주 사용하는 전략을 표기해주세요. ☐ 비언어적 전략(제스처, 눈맞춤, 얼굴 표정, 소리) ☐ 구어(낱말 혹은 문장)			
35. 아이는 정보를 공유하기 위해 제스처, 눈맞춤, 얼굴 표정, 소리 또는 언어를 사용하나요? (예: 가리키면서 "나는 비행기를 보고 있어요."라고 말하기) 만약 아이가 이러한 기술을 일반적으로 혹은 가끔 사용한다면 물건이나 활동을 요구하기 위해 좀 더 자주 사용하는 전략을 표기해 주세요. ☐ 비언어적 전략(제스처, 눈맞춤, 얼굴 표정, 소리) ☐ 구어(낱말 혹은 문장)			
36. 당신의 주의를 끌기 위해 제스처, 눈맞춤, 얼굴표정, 소리 또는 언어를 사용하나요?(예: "엄마, 이리 와요.") 만약 아이가 이러한 기술을 일반적으로 혹은 가끔 사용한다면 물건이나 활동을 요구하기 위해 좀 더 자주 사용하는 전략을 표기해 주세요. ☐ 비언어적 전략(제스처, 눈맞춤, 얼굴 표정, 소리) ☐ 구어(낱말 혹은 문장)			

기술	일반적으로 사용함 (당시 적어도 75% 수행함)	때때로 사용함 그러나 일관적이지 않음	거의 사용하지 않거나 아직 나타나지 않음
37. 어떤 감정을 느끼는지 낱말로 표현할 수 있나요?(예: "아파요." "화나요." "행복해요.")			
38. 무엇을 하는지 낱말로 표현할 수 있나요?(예: "아기에게 먹여." "차를 밀어.")			
39. 이미 발생한 일들에 대해 이야기 할 수 있나요?(예: 학교에서 일어난 일 이야기하기)			
40. 간단한 이야기를 할 수 있나요?			
41. 정보를 얻기 위한 질문을 하나요?(예: "저게 뭐에요?" "강아지는 어디 있어요?")			
42. '누구' '왜' '어떻게' 질문을 하나요?			
43. 어른이 시작한 대화에서 아이가 세 번 연속 대화를 주고받나요?			
44. 어른이 시작한 대화에 아이가 세 번 이상 연속 대화를 주고받나요?			
45. 다른 이들과 대화를 시작하나요?			
의사소통 이해하기(수용 언어)			
46. 이름을 불렀을 때 일관되게 보나요?			
47. 사람의 이름을 들었을 때 그 사람을 보거나 사진 속의 그 사람을 보나요?			
48. 금지어에 반응하여 하던 행동을 멈출 수 있나요?(예: "안 돼." "멈춰.")			
49. 신체 이름을 듣고 지적할 수 있나요?			
50. 놀이 상황, 옷 입기 혹은 식사 루틴에서 한 단계 지시에 적절하게 반응하나요?(예: "컵 가져와.")			
51. 놀이 상황, 옷 입기 혹은 식사 루틴에서 한 단계 이상 지시에 적절하게 반응하나요?(예: "컵 가져와서 테이블 위에 올려.")			
52. 방 안에 있지만 바로 앞에 있지 않은 물건을 찾아서 가져올 수 있나요?			
53. 놀이를 끝내고 장난감을 치울 수 있나요?			
모방			
54. 얼굴 표정이나 움직임을 모방할 수 있나요?(예: 혀 내밀기)			
55. 노래나 알려진 루틴 내에서 행동이나 몸 움직임을 모방하나요? (예: 친숙한 동요에 맞추어 율동하기)			
56. 관습적인 제스처를 모방하나요?(예: 바이바이 손 흔들기, 뽀뽀 하는 흉내 내기, 박수치기)			

기술	일반적으로 사용함 (당시 적어도 75% 수행함)	때때로 사용함 그러나 일관적이지 않음	거의 사용하지 않거나 아직 나타나지 않음
57. 당신이 하는 것을 보고 친숙한 놀이 활동(스스로 할 수 있는 활동)을 모방하나요?			
58. 당신이 하는 것을 보고 새로운 놀이 활동(스스로 할 수 없는 활동)을 모방하나요?			
59. 놀이를 하면서 당신과 오랫동안 모방 활동을 주고받나요?			
놀이			
60. 장난감을 탐색하나요?(예: 만지기, 입으로 물기, 냄새 맡기, 보기)			
61. 물건을 조합하나요?(예: 블록 쌓기, 박스 안에 물건 넣기, 세우기, 끼우기, 특정 방법으로 장난감에 질서 부여하기)			
62. 원인-결과 장난감을 사용하나요?(예: 작동 장난감, 팝업 장난감)			
63. 의도를 가지고 장난감을 사용하나요?(예: 공 던지기, 자동차 밀기)			
64. 자신에게 친숙한 상징 놀이를 하나요?(예: 먹는 척, 자는 척, 장난감 전화기에 말하는 척)			
65. 다른 사람이나 인형에게 친숙한 상징 놀이를 하나요?(예: 부모나 아기 인형에게 먹이는 척하기, 인형에게 옷 입히기, 인형 재우기)			
66. 사물을 다른 사물인 것처럼 사용할 수 있나요?(예: 블록이 차인 것처럼 놀기, 블록을 쌓아서 빌딩인 것처럼 놀기) 사물에 맞는 적절한 특성을 적용할 수 있나요?(예: 장난감 음식이 뜨겁거나 맛있는 것처럼 놀기) 혹은 의인화할 수 있나요?(예: 피규어가 걷는 것처럼, 인형 입에 컵을 대주기보다는 인형이 컵을 잡는 것처럼 놀기)			
67. 몇 가지 상징 행동을 연결하거나 장난감을 가지고 이야기를 확장할 수 있나요?(예: 인형을 차에 태워서 차를 밀어서 가게로 가기)			
68. 가상의 역할을 할 수 있나요?(예: 의사인 척, 소방관인 척, 엄마/아빠인 척하기)			
69. 적어도 한 사람 이상과 함께 가상의 역할 놀이를 하면서 이야기를 확장할 수 있나요?(예: 아이는 의사, 부모는 환자 역할하기, 아이는 엄마, 형제는 아기 역할하기)			
70. 확장된 놀이를 하면서 놀이를 주도하는 것과 다른 사람의 생각을 따르는 놀이로 전환하는 것이 가능한가요?			

실천계획표
아이의 목표 업데이트하기

날짜:

계획하기

예상되는 어려움은 무엇인가요?

해결 방법:

목표	활동들	전략들

되돌아보기

해결 방법:

잘 되었던 점은 무엇인가요?

어려웠던 점은 무엇인가요?

실천계획표
성공을 유지하기 위해 계획하기

날짜:

계획하기

달성 내용:

다음 단계:

추가 지원:

예상되는 어려움은 무엇인가요?

해결 방법:

되돌아보기

잘 되었던 점은 무엇인가요?

어려웠던 점은 무엇인가요?

해결 방법:

제8장

(선택 사항)
아이의 문제 행동 다루기

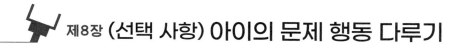

제8장 (선택 사항) 아이의 문제 행동 다루기

아이가 일상생활에서 적절한 행동을 하도록 도와주자.

아이의 문제 행동 이해하기
- 문제 행동의 이유 인식하기
- 아이의 문제 행동에 대한 정보 수집하기
- 문제 행동의 패턴 확인하기

문제 행동 예방하기
- 문제 행동을 발생시키는 유발 요인 피하기
- 명확한 지침과 기대치 제시하기
- 과제를 더 쉽고 재미있게 만들기
- 선택권 주기
- 아이가 어려워하는 루틴을 따른 후 선호하는 루틴 따르기
- 일상 루틴 안에서 앞으로 일어날 일이나 변화에 대한 정보 제시하기

결과 변화시키기
- 바람직한 행동에 대해 보상하기
- 문제 행동에 대해 보상 중단하기

대체 기술 가르치기
- 대체 기술 선택하기
- 촉진과 보상을 사용하여 대체 기술 가르치기

사회적 의사소통 발달이 지연된 많은 아이가 자신의 감정과 필요를 전달하기 위해 짜증이나 공격성과 같은 부적절하거나 문제가 되는 행동을 보인다. 그러나 이러한 문제 행동은 사회적 의사소통 능력이 향상되면서 점차 더 나아진다. 그런데 프로젝트 ImPACT 사용법을 배운 후에도 만약 아이가 여전히 문제 행동을 하거나, 하나 이상의 특정 행동으로 인해 프로그램을 완료하는 데 방해가 된다면, 이 장에서 제시된 추가 전략을 사용하여 이러한 문제들을 관리할 수 있다.

이 프로그램에서 제안한 행동 관리 전략은 **긍정적 행동 지원**(Pocitive Behavior Support: PBS)을 기

반으로 한다. 긍정적 행동 지원은 아이가 왜 문제 행동을 보이는지 이해하기 위해 사정 (assessment)하는 것부터 시작하는 근거 기반 접근법(evidence-based approach)이다. 문제 행동을 보이는 이유를 파악하고 난 후, 아이가 자신의 감정이나 요구를 적절한 행동으로 의사소통할 수 있도록 돕는 구체적인 계획을 세운다. PBS는 프로젝트 ImPACT와 잘 맞는다. 왜냐하면 아이의 행동을 다루기 위해 긍정적인 접근 방식을 사용하고, 새로운 기술을 가르치는 데 초점을 맞추며, 처벌 사용을 지양하기 때문이다. 이러한 전략을 프로젝트 ImPACT 전략과 함께 사용하면 아이가 자신의 필요를 얻기 위해 더 적절한 기술을 개발하는 데 도움이 된다.

아이의 행동이 매우 극단적이거나 위험한 경우, 현재 사용하고 있는 전략 이상의 추가 지원에 대해 코치에게 문의한다.

앞 페이지에 나온 도표는 아이의 문제 행동을 다루고 새롭고 적절한 기술을 사용하도록 지원하기 위한 행동 계획을 개발할 때 따라야 하는 단계를 보여 준 것이다. 한 번에 하나씩 이러한 단계를 배우고 연습하여 각 단계에서 가장 적합한 것이 무엇인지 확인할 수 있다. 가족에게 적합한 계획을 개발한 후에는 전체 계획을 기록할 수 있다. 이를 위한 작성 양식은 이 장 마지막에 수록되었다.

아이의 문제 행동 이해하기

좋은 행동이든 나쁜 행동이든 모든 행동에는 목적이 있다. 사회적 의사소통이 지연된 아이들은 이런 행동을 보였을 때 효과가 있기 때문에 혹은 자신의 감정과 욕구를 전달할 다른 방법이 없기 때문에 요구 사항을 충족하기 위해 문제 행동을 할 수 있다. 예를 들면 다음과 같다.

- 아이가 자신이 원하는 것, 필요로 하는 것, 또는 좋아하지 않는 것을 말하는 것이 어려워 짜증을 내거나 공격적이 될 수 있다.
- 자신에게 부모가 하라고 요구하는 것을 이해하지 못하거나 그것이 왜 중요한지를 이해하지 못하는 경우, 아이는 지시를 따르지 않을 수 있다.
- 아이가 제한된 놀이 기술을 가지고 있다면 책을 찢거나 가구에 기어오르거나 서랍에서 물건을 꺼내는 것과 같은 부적절한 놀이를 할 수 있다.
- 아이가 스스로 진정하기 어려운 경우, 두렵거나 화가 났거나 과도하게 흥분되었을 때 손을 펄럭이거나 비명을 지르거나 물 수 있다.

● 문제 행동의 이유 인식하기

행동 계획을 개발하는 첫 번째 단계는 아이가 하는 문제 행동의 목적을 이해하는 것이므로 이를 해결하기 위해 특정 전략을 사용할 수 있다. 어린아이의 경우, 다음의 이유들 때문에 대부분의 문제 행동이 일어난다.

- 좋아하는 장난감, 음식 또는 활동과 같은 아이가 원하는 것을 얻기 위해
- 다른 사람의 관심을 끌기 위해(꾸짖거나 훈계하는 것처럼 아이에 대한 관심이 긍정적이지 않은 경우에도 마찬가지일 수 있음)
- 집안일이나 자기관리, 불쾌한 감각 경험 또는 좋아하는 활동을 중단해야 하는 상황 등 좋아하지 않는 일에서 벗어나거나, 피하거나, 지연시키기 위해

때로는 다음의 네 번째 이유로 발생한다.

- 행동 자체가 즐겁거나 어떤 식으로든 스스로를 진정시키기 위해. 일반적으로 고음으로 꽥 소리 지르거나 손으로 펄럭이거나 종이를 찢는 것과 같은 자기자극적이거나 반복적인 행동의 경우가 이에 해당한다. 이 경우 아이는 다른 사람이 있든 없든 이런 식으로 행동한다. 또는 아이가 그런 방법으로 느끼는 방식을 좋아하기 때문에 이렇게 행동한다.

모든 행동과 마찬가지로 문제 행동은 주변 상황과 사건의 영향을 받는다. 아이의 문제 행동이 일어나기 직전과 직후에 발생하는 특정 사건은 아이가 왜 그런 행동을 했는지 이해하는 데 중요한 정보이다.

- **배경 사건**(setting events)이라 불리는 특정 상황은 문제가 발생할 가능성을 높여 아이의 행동에 영향을 미칠 수 있다. 예를 들면 다음과 같다.
  - 하루 중 특정 시간, 특정 장소 또는 활동
  - 특정한 사람이 거기에 있거나 또는 없을 때
  - 아이가 배고프거나 피곤하거나 아플 때
- **유발요인** 또는 **선행사건**이라 불리는 특정 사건(specific events)은 문제 행동 바로 **직전**에 발생한다. 선행사건이 행동을 일으킨다. 예를 들어, 아이에게 신발을 신고 밖에 나가라고 말하거나 점심시간에 음식을 기다리라고 하는 것 등이다.
- 문제 행동 **직후**에 발생하는 특정 사건을 **결과**라고 한다. 이러한 사건은 일반적으로 그 행동이

지속되도록 영향을 미친다. 예를 들면, 좋아하는 장난감을 가지고 놀기, 주시하기(긍정적 또는 부정적), 장난감을 치우지 않기 등이 있다.

[그림 8-1]은 문제 행동 전후에 발생하는 상황과 사건이 어떻게 행동에 영향을 미치고 계속 지속될 수 있는지에 대한 예를 보여 준다.

[그림 8-1] 상황과 사건이 문제 행동에 어떻게 영향을 미치는지를 보여주는 예

◉ 문제 행동에 대한 정보 수집하기

코치는 아이의 문제 행동, 발생 가능성이 가장 높거나 가장 낮은 상황, 문제를 해결하기 위해 이전에 시도한 사항 등에 대해 더 잘 이해하기 위해 당신을 인터뷰할 것이다. 또한 발생할 때마다 문제 행동을 기록하고 주변 상황과 사건을 기록하도록 도움을 줄 것이다. 이러한 일은 약간의 노력을 요하지만, 아이의 행동을 되돌아볼 때 놓칠 수 있는 중요한 패턴을 식별하는 데 매우 유용하다. 정보를 사용하여 아이의 행동에 대한 이유를 이해할 수 있다.

> ! 한 번에 아이의 모든 문제 행동을 다루려고 하지 말자. 아이가 한 가지 이상의 문제 행동 유형을 가지고 있다면 하나를 먼저 선택하여 시작하자. 첫 번째 행동이 좋아지면 다른 행동 문제도 해결될 수 있다.

문제 행동 설명하기

아이의 행동에 영향을 미칠 수 있는 것에 대한 일관된 정보를 수집하려면 아이의 문제 행동이 어떻게 보이거나 들리는지 명확하게 알려 주는 것이 도움 된다.

- 설명은 일반적인 설명이 아니라 아이가 하는 일을 구체적으로 묘사하는 것을 의미한다. 〈표 8-1〉에 명확한 설명의 예와 불분명한 설명의 예가 제시되었다.
- 설명은 행동이 발생했을 때 다른 가족 구성원, 교사 또는 친구가 동의할 수 있을 만큼 명확해야 한다.

〈표 8-1〉 문제 행동에 대한 명확한 설명의 예와 불명확한 설명의 예

명확한 설명	불명확한 설명
Jordan이 소리를 지르고, 물건을 바닥에 떨어뜨리고 던진다.	Jordan이 멍청이처럼 군다.
Carlos가 가구 위로 기어 올라가 엄마의 물건을 잡고는 도망친다.	Carlos가 어릿광대처럼 군다.
Sophie가 오빠를 밀치고, 꼬집고, 할퀴고, 장난감을 빼앗는다.	Sophie는 오빠에게 비열하게 군다.

문제 행동 기록하기

아이의 문제 행동이 어떻게 보이는지 파악한 후에는 정보를 수집하여 행동 패턴을 확인할 수 있다. 문제 행동 기록표(이 장 마지막의 첫 번째 양식)를 활용하여 가정에서 아이의 행동을 유발하는 요인과 결과를 기록할 수 있다. 아이가 문제 행동을 할 때마다 실천계획표에 다음 정보를 기록하자.

- **상황**: 시간, 장소, 활동, 특정 사람들과 함께 있거나 배고프거나 피곤함과 같이 행동 문제에 영향을 줄 수 있는 상황에 대한 중요한 정보를 기록한다.
- **유발 요인**: 행동 직전에 발생한 특정 사건에 대한 설명을 기록한다. 이를 통해 아이가 문제 행동을 일으키는 일반적인 유발 요인을 더 잘 이해할 수 있다.
- **행동**: 그 행동이 어떻게 보이고 들리는지에 대한 설명을 기록한다. 얼마나 오랫동안 그 행동을 보였고 얼마나 심각했는지 기술할 수 있다.
- **결과**: 행동 직후에 일어난 일에 대한 설명을 기록한다. 문제 행동에 영향을 미칠 수 있는 것에 대한 정보가 된다.

> **❗** 아이의 문제 행동이 많이 발생하면, 그것을 모두 기록하기는 어려울 수 있다. 모두 기록하려고 자신을 압박하지 말자. 코치에게 행동을 기록하기에 가장 좋은 시간이나 좀 더 쉽게 기록하는 방법에 대해 문의하자.

[그림 8-2]는 Jordan의 문제 행동 기록표이다. 기록표를 보며, Jordan이 소리 지르고, 들고 있던 물건을 던지는 등 짜증을 자주 부렸고, 엄마는 이를 걱정하고 있다는 걸 알 수 있다.

또한 아이의 문제 행동이 매주 가족의 생활을 얼마나 방해하고 있는지 알게 된다. 기록표를 보면 행동이 좋아지고 있는지, 더 나빠지고 있는지, 또는 그대로 유지되는지 확인할 수 있다.

- 일주일 동안 아이의 문제 행동이 일상 생활을 얼마나 방해하는지 이 장의 각 실천계획표에 있는 '행동 추적하기' 섹션에서 확인해 보자. 이 정보를 사용하여 작성한 행동 계획이 효과가 있는지 확인하고 필요에 따라 조정한다. 아이의 문제 행동을 이해하기 위한 실천계획표(이

문제 행동(들): 소리 지르기, 바닥에 물건 떨어뜨리기, 물건 던지기			
상황 무슨 일이 있었나?	유발 요인 바로 전 무슨 일이 있었나?	행동 어떻게 행동했나?	결과 이후 무슨 일이 발생했나?
등원하기 위해 옷을 입는 상황. 잠을 푹 자지 못해 일어나기 힘듦	옷을 입으라고 말함	옷을 집어던지고 소리를 지름	잠옷을 입고 있는 채로 두고, 아침을 가져다줌
학교에서 집에 돌아온 후, 레고 놀이를 하고 있음	낮잠을 자라고 말함	소리를 지르고 바닥에 드러누움	진정할 때까지 기다린 다음 방으로 들여보냄
저녁 시간. 간식을 늦은 시간에 먹음(배가 고프지 않음)	저녁 메뉴를 가져다줌	음식을 던지고 소리 지름	"음식을 던지면 안 돼."라고 말하고 방으로 보냄

[그림 8-2] Jordan의 문제 행동에 대한 기록

장 마지막의 두 번째 양식)를 가지고 가정에서 아이의 행동을 추적하는 것에 대해 코치와 이야기할 수 있다. 실천계획표의 윗부분을 작성하고, 집에서 행동 추적하기 부분과 아랫부분을 작성하는 데 코치의 도움을 받을 수 있다.

문제 행동의 패턴 파악하기

아이의 행동과 주변 상황에 대한 정보를 수집하였다면, 이제 패턴을 찾아보자. 코치와 협력하여 문제를 유발시킬 가능성이 가장 높은 상황을 파악한다.

- 아이가 문제 행동을 할 가능성이 가장 높은 상황을 생각하자. 일상 루틴, 장소 또는 시간에 패턴이 있는가? 예를 들어, 아이가 피곤할 때면 취침 직전이나 낮잠 시간에 문제 행동이 나타나는가?
- 기록해 두었거나 코치와 상의했던 유발 요인을 살펴보자. 유발 요인들 간에 공통점이 있는가? 예를 들어, 아이가 여동생을 때리기 전 상황을 살펴보면, 대개 부모가 바쁘거나 **아이의 문제 행동을 유발하는 가장 흔한 원인은 무엇인가?** 관심을 다른 곳에 두고 있지 않나(전화 통화, 저녁 식사 만들기, 다른 자녀와 놀기)?
- 진술 요약서 양식(이 장 마지막의 세 번째 양식)에 적힌 행동들을 유발하는 것이 무엇인지 확인

한다.

다음으로, 아이가 문제 행동을 하는 이유 또는 의사소통하려는 내용에 대해 살피자. 일반적으로 문제 행동 다음에는 어떠한 것이든 뒤따르는 것이 있다. 행동의 이유를 이해하려면 결과 사이에서 그 패턴을 찾아야 한다.

- 기록된 결과에서 공통점이 나타나는가? 예를 들어, 아이가 여동생을 때렸을 때 보통 어떤 방식으로든 관심을 받는가?("안 돼!"라고 말하고, 여동생에게 사과하라는 지시를 하고, 타임아웃을 적용한다)
- 유사한 유형의 결과가 일관되게 나타나지 않는 경우에는 행동의 이유가 하나 이상일 수 있다. 예를 들어, 아이는 자신이 좋아하지 않는 것에서 벗어나 좋아하는 것을 얻기 위해 비명을 지를 수 있다. 또는 행동 그 자체가 어떤 면에서 즐거울 수 있다. 예를 들어, 책의 페이지를 찢는 것은 그 자체로 보상이 될 수 있다.
- 행동에 대한 유사한 결과를 확인한 후에는 진술 요약서 양식(이 장 마지막의 세 번째 양식)에 기록한다.

? 아이가 한 문제 행동의 결과는 무엇인가?

아이의 문제 행동을 유발하는 요인과 문제 행동의 결과에 대해 알았다면 이제 그것이 일어나는 이유에 대해 살펴보자. 예들 들어, 아이에게 어떤 지침을 주었을 때 아이가 짜증을 내면 지시에 따르도록 도와주거나 따르지 않는 것을 허용할 수 있다. 아이는 하기 싫은 행동에서 벗어나고 싶을 때 이러한 행동을 할 가능성이 높다. 코치와 상의하여 아이의 행동을 조절하는 계획을 진술 요약서에 작성하자. 다음은 아이의 행동 패턴을 확인하기 위해 Jordan의 엄마가 정보를 수집하여 문제 행동 기록지(Challenging Behavior Record)에 작성한 예이다(앞의 [그림 8-2] 참조).

Jordan의 엄마가 작성한 유발 요인을 살펴보니, 유발 요인은 보통 Jordan이 싫어하거나 어려워하던 일을 하도록 시키거나 언급한 것(옷 입기, 낮잠 자기, 식탁에 앉기)과 관련되어 있었다.

? 아이가 문제 행동을 하는 이유는 무엇인가?

결과의 패턴을 살펴보니, 엄마는 Jordan이 해야 할 일이나 활동을 하지 않게 하거나 시작을 지연시키고 있었다. 예를 들어, Jordan이 옷을 던지고 소리를 질렀을 때, 엄마는 그를 잠옷을 입은 채 그대로 두었다. Jordan이 낮잠을 자라는 말을 듣고 소리를 지르고 바닥에 드러누웠을 때, Jordan 엄마는 그를 진정키고 Jordan이 바로 잠자리에 들지 않아도 되도록 두었다. Jordan이 저녁식사를 하는 도중 음식을 던졌을 때, Jordan 엄마는 그를 방으로 보냈고 Jordan이 식탁에 자리할 필요가 없도록 했다. 이러한 패턴을 살펴본 후, Jordan 엄마는 아이가 짜증을 내는 주된 이유가 아이가 원하지 않는 행동을 하는 것에서 벗어나거나 미루려 하는 것임을 깨닫는다. 그녀는 [그림 8-3]과 같이 중재 전략을 선택하는 데 도움이 되는 진술 요약서 양식에 이러한 패턴을 작성한다.

유발 요인(들)	행동(들)	결과(들)	이유(들)
아이가 선호하지 않은 활동이나 어려운 과제를 시킨다.	소리 지르기, 물건 떨어뜨리기, 물건 던지기	옷을 입지 않아도 됨, 낮잠 자러 갈 시간을 지연시킴, 식사 자리에 참석하지 않음	원하지 않는 것을 피하거나 배제함

[그림 8-3] Jordan에 대한 진술 요약서

문제 행동 예방하기

특정 양식의 문제 행동을 아이가 언제, 왜 하는지 명확하게 파악한 후에는 이를 해결하기 위한 계획을 세울 수 있다. 문제 행동을 멈추게 하는 가장 쉬운 방법은 애초에 그 행동이 일어나지 않도록 하는 것이다. 즉, 유발 요인을 아예 피하는 것이다. 또는 어려운 상황을 조금 쉽게 만들어 주어 아이가 문제 행동을 할 가능성을 줄일 수 있다. 최선의 예방 전략은 문제 행동의 원인과 이유를 고심하여 다루는 것이다. 이 문제 행동의 원인과 이유는 **아동의 문제 행동 이해하기**에서 확인할 수 있다.

● 문제 행동을 발생시키는 유발 요인 피하기

문제 발생을 방지하는 가장 확실한 방법은 일반적으로 문제 행동을 유발하는 상황이나 사건을 피하는 것이다. 유발 요인 및 예방 방법의 예시는 다음과 같다.

- 아이가 문제를 일으키는 것을 보거나 접근하지 못하도록 한다. 예를 들어, 아이가 스마트폰을 가지고 놀 수 없어서 화를 낸다면, 아이 앞에서 폰을 사용하지 않는다. 아이가 옷장에 들어가서 걸어 둔 모든 옷을 꺼낸다면 옷장 문을 잠근다.
- 아이가 주변 관심을 끌고 싶어서 문제 행동을 한다면, 아이에게 아주 약간의 관심만을 주거나 다른 재미있는 활동에 참여시킨다. 그런 후에 중요한 전화 통화 같은 당신의 일을 시작한다. 예를 들어, 저녁식사를 준비하기 전, 10분 동안 놀이를 한다.

- 아이가 원하는 것을 기다려야 할 때 잘못된 방식으로 행동한다면, 예정된 것보다 앞서 준비한다. 예를 들어, (식탁에 앉아 음식이 나오는 것을 기다리지 못해 문제 행동을 한다면) 음식을 접시에 담을 때까지 아이를 식탁에 데리고 오는 것을 늦춘다.

?
아이의 문제 행동을 유발하는 요인을 어떻게 피할 수 있을까?

- 아이가 소리를 지르거나 격한 감정에 휩싸인 상황에서 벗어나기 위해 문제 행동을 하는 경우, 불쾌한 감각 자극이 덜한 시간대에 그러한 활동을 계획한다. 예를 들어, 붐비지 않는 시간에 식료품을 사러 간다.

!
유발 요인을 피하는 방식은 단기적으로 문제 행동을 멈추게는 할 수 있지만, 장기적으로 보면 항상 좋은 해결책은 아니다. 왜냐하면 아이는 여전히 즐겁지 않은 상황에 대처할 수 있는 방법을 배워야 하기 때문이다. 때로는 대체 기술을 가르치는 동안 유발 요인을 피하는 방법을 사용할 수도 있다. 대체 기술에 대해서는 이 장의 마지막 부분에서 다룰 것이다. 또한 어려운 상황을 좀 더 쉽게 만드는 전략을 사용할 수도 있다.

- 아이가 아프거나, 배고프거나, 피곤하거나, 좌절할 때는 어려운 일과를 피한다. 대신에 일과 중 아이가 평온한 시간에 일정을 잡는다.

◎ 명확한 지침과 기대치 제시하기

아이는 반응을 해야 하는지 말아야 하는지 확신하지 못하거나 자신이 무엇을 해야 하는지 명확히 이해하지 못할 때 잘못된 행동을 할 수 있다. 앞으로 다가올 상황에서 아이가 해야 하는 행동을 명확하게 제시하는 것은 종종 도움이 된다.

- 지시를 하기 전에 아이의 주의를 끌고 단호하지만 친근한 목소리로 지시한다.
- 지시는 짧고 간단하게 한다. 한 번에 하나의 지침만 제공한다. 제5장의 **의사소통 이해 촉진하기** 부분에 명확한 지침을 제공하는 방법이 정리되어 있다.
- 지시는 질문형이 아닌 서술형으로 제시한다. 예를 들어, "정리할 준비가 되었나요?" 대신 "정리하자."라고 말한다.
- 아이에게 하지 말아야 하는 일보다 해야 하는 일을 말하자. 예를 들어, "뛰지 말자." 대신 "걸어 다니자."라 말한다. 또는 "소리 지르지 마!" 대신 "조용조용 얘기하자."라고 말한다.

◎ 과제를 더 쉽고 재미있게 만들기

아이들은 과제나 활동이 너무 힘들거나, 어렵거나, 지루할 때 문제 행동을 할 수 있다. 조금 쉬운 과제를 제시하거나, 과제의 양을 줄이거나, 도움을 주는 타이밍을 앞당기거나, 재미를 더하는 방식이 때로는 문제 행동을 예방할 수 있다.

- 과제의 난이도를 낮추거나 양을 줄인다. 처음에는 도움을 많이 주어 아이가 어려움 없이 과제를 할 수 있을 만큼 쉽고 짧아야 한다. 예를 들어, 아이가 혼자 코트 지퍼를 모두 채우도록 하는 대신 지퍼를 끼우는 부분과 마무리하는 부분만 하도록 한다. 또는 가족과 함께 하는 저녁식사 시간 동안 내내 앉아 있도록 하기보다는 2분 동안 앉아 있다가 일어날 수 있도록 한다. 타이머를 활용하면 아이가 얼마나 기다려야 하는지를 알게 하는 데 도움이 된다. 아이의 행동을 통제할 수 있을 때, 점차적으로 과제의 난이도나 길이를 늘릴 수 있다.
- 초기에 도와준다. 아이가 좌절 할 때까지 기다리지 않는다.
- 노래, 게임 또는 아이가 좋아하는 장난감을 활용하여 아이가 즐거워하지 않는 과제를 재미있게 만든다. 예를 들어, 장난감을 정리해야 하는 시간에 정리 노래를 부르거나 정리하기 경주를 한다. 또는 아이가 식탁에 앉아 있는 동안 장난감 자동차를 가지고 놀게 한다.
- 아이가 기다려야 하는 경우, 이를 위한 활동을 계획한다. 예를 들어, 병원 진료를 받기 위해 대기실에서 기다려야 하는 상황이라면 특정 장난감, 활동 또는 간식을 챙긴다.

> **?** 어려운 과제를 더 쉽고 재미있게 만들 수 있는 방법은 무엇일까?

선택권 주기

좋아하지 않는 활동을 아이가 조절할 수 있도록 하는 것은 때때로 아이들을 순응하도록 만드는 데 도움이 된다. 이를 수행하는 한 가지 방법은 아이가 활동을 완료하는 방법 또는 활동 후 무엇을 하고 싶은지 선택하게 하는 것이다.

- 아이가 거부하는 일과들 중에 하나를 선택하게 한다. 예를 들어, 아이가 옷 입는 것을 도와줄 때, 바지나 셔츠 중 어느 것을 먼저 입을 것인지 아이가 선택하도록 한다. 또는 "옷을 입어야 해. 네가 입을래, 아니면 내가 입혀 줄까?"라고 말한다.
- 아이가 선택하지 않기를 바라는 내용은 선택 사항으로 제시하지 않는다. 선택 사항들이 괜찮은지 확인하고 아이가 선택한 사항을 존중한다.

아이가 어려워하는 루틴을 따른 후 선호하는 루틴 따르기

아이가 어려워하는 활동을 한 후 좋아하는 활동을 할 수 있도록 일과 루틴을 계획한다. 아이가 좋아하는 활동이나 일과는 어려운 일과를 완수한 것에 대한 보상이 된다.

- 매일 하는 활동 스케줄(제1장 37쪽)을 사용하여 아이가 거부하는 일과와 즐기는 일과를 확인한다.

?

아이가 어려워하는 루틴 다음에 선호하는 루틴이 오도록 하루 일정을 어떻게 다시 조정할 수 있을까?

- 옷을 입거나 이를 닦는 것과 같이 아이가 거부하는 일과 다음에 놀이나 간식 시간과 같이 즐기는 일과가 오도록 한다.
- 아이가 거부하던 일과를 마친 후에 하고 싶은 일을 선택하도록 한다. 예를 들어, "옷 입을 시간이야. 옷을 입고 나서 아침을 먹고 싶니, 아니면 책을 읽고 싶니?"

◎ 일상 루틴 안에서 앞으로 일어날 일이나 변화에 대한 정보 제시하기

활동 간의 전환이나 일상의 변화는 종종 아이에게 문제 행동을 유발하는 요인이 된다. 아이가 이해할 수 있는 수준에서 명확한 정보를 주어 아이가 무엇을 예측해야 하는지 알려 준다.

- 사진 일과표를 사용하여 아이가 낮 동안 어떤 일이 일어날지 알 수 있도록 한다. 새로운 활동으로 이동하기 전에 일과표를 보여 준다. 가능하면 아이가 언제 어떤 활동에 참여할지 선택하도록 한다.
- 활동을 변경하기 전 명확하게 알려 준다. 예를 들어, 아이에게 공원을 떠나기 5분, 2분 전임을 알려 준다. 타이머를 활용하면 아이가 이해하는 데 도움이 된다.
- 다음에 어떤 활동이 오는지 알 수 있는 아이템을 제공한다. 예를 들어, 아이에게 점심시간임을 알리기 위해 접시를 주고, 목욕 시간임을 알리기 위해 가장 좋아하는 목욕 장난감을 준다.

?

아이가 다음에 올 일을 이해하도록 도울 방법은 무엇일까?

- 어려운 활동을 하기 전에 활동, 규칙 및 결과에 대해 미리 설명한다. 어려운 활동을 마친 후 추가로 보상을 할 수도 있다. 예를 들어, 식품점에 들어가기 전에 "우유, 계란, 시리얼을 사러 갈 거야. 너는 카트에 앉고 목소리는 크지 않게 해야 해. 다 사고 나면 차에서 음악을 들을 수 있어(보상)."라고 말한다.

!

문제 행동을 예방하기 위해 여러 가지 전략을 사용할 수도 있다. 아이가 기능들을 습득하고 당신이 가장 효과적인 방법이 무엇인지 배워 감에 따라 당신이 사용해야 하는 예방 전략의 수를 줄일 수도 있다.

[그림 8-4]에는 Jordan 엄마가 아이의 짜증을 예방하기 위해 사용한 기법이 나타나있다(이 그림은 그녀가 이 장 마지막의 네 번째 양식인 문제 행동 예방을 위한 실천계획표의 일부를 어떻게 작성했는지 나타낸다). 그녀가 사용한 기법은 유발 요인 피하기와 어려운 상황을 쉽게 만들기이다. 앞에 기술된 것처럼, 문제 행동 기록표를 보고 Jordan의 엄마는 좋아하지 않거나 어려운 과제나 활동을 하도록 지시한 것이 아이의 짜증을 유발하는 원인이

행동(들):	소리 지르기, 물건 떨어뜨리기, 물건 던지기	유발 요인(들):	선호하지 않는 활동이나 어려운 과제를 하도록 함

유발 요인 피하기
  아침식사를 한 후 옷 입기
  15분 일찍 일어나기

어려운 상황을 조금 쉽게 만들기
  활동을 하기 전, 5분, 2분 알람을 줌
  식사 시간 중 5분만 자리에 앉아 있게 함
  입을 옷과 순서를 정하도록 함
  옷 입는 과정 노래 부르기

[그림 8-4] Jordan의 문제 행동을 예방하기 위해 엄마가 사용한 전략

었음을 알아냈다. Jordan이 대개 어려워하는 활동(옷 입기, 낮잠 자기, 저녁식사 시간 동안 앉아 있기)에 대해 생각한 후, 엄마는 Jordan이 충분히 쉬고 배가 고프지 않은 시간에 이러한 활동을 하도록 가족 일과표를 조정했다. 또한 서두르지 않도록 몇 분 일찍 일어나도록 했다. 추가로 Jordan이 좋아하지 않는 활동이나 과제를 하라고 말하기 전 5분, 2분 알람을 주었다.

또한 Jordan 엄마는 어려운 과제를 쉽게 만들 수 있는 방법을 다양하게 시도했다. 예를 들어, Jordan에게 가족 식사 내내가 아닌 단 5분 동안만 식탁에 앉아 있도록 했다. 그녀는 또한 어려운 과제를 하는 동안 선택권을 주고, 좀 더 재미있는 과제가 되도록 했다. 예를 들어, 옷을 입힐 때, 엄마는 Jordan이 입을 옷과 옷을 입을 순서를 선택하게 하고, 이 모든 것을 노래로 불렀다.

결과 변화시키기

아이의 문제 행동 이후의 결과는 그 자체로 보상이 될 수 있고, 설령 당신이 불쾌하게 여길지라도 계속될 수 있다. 만일 아이가 원하거나 필요로 하는 것을 충족하는 결과를 갖는다면, 아이는 아마도 계속해서 이러한 행동을 할 것이다. 예를 들면 다음과 같다.

- 아이가 무언가를 원할 때 파괴적인 행동을 하고 그로 인해 원하는 것을 얻었다면, 아이는 이 행동을 다시 할 가능성이 높아진다.
- 아이가 관심을 끌기 위해 잘못된 행동을 했고 이에 대해 혼나거나 훈육을 들었다면, 아이는 이 행동을 할 가능성이 높아진다. 왜냐하면 부정적인 관심이라도 무관심보다는 낫기 때문이다.

- 아이가 무언가가 마음에 들지 않아 화를 냈고 그 자리에서 벗어나거나 활동을 중단하게 되었다면, 이 행동을 다시 할 가능성이 높아진다.

[그림 8-5]와 같이 결과를 변경하여 아이가 문제 행동을 멈추도록 도울 수 있다. 동시에 두 가지 방법으로 결과를 바꾼다.

- 좋은 행동에 대해 보상하자. 이를 **정적 강화**라고 하며, 아이가 하길 원하는 행동임을 가르치는 것이다. 예를 들면, 아이가 식탁에 잘 앉아 있는 동안 아이에게 긍정적인 관심을 많이 준다.
- 문제 행동에 대해 보상하지 말자. 이를 **소거**라고 하며, 문제 행동으로는 더 이상 아이가 원하는 것을 얻지 못한다는 것을 가르치는 것이다. 예를 들어, 아이가 식탁 아래로 기어들어갈 때, 더 이상 아이의 이름을 부르지 않고 아이를 달래려 노력하지 않는다.

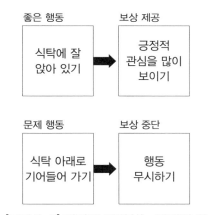

[그림 8-5] 결과를 변경하는 방법의 예

바람직한 행동에 대해 보상하기

문제 행동 대신 아이가 하길 바라는 행동에 대해 생각하고, 이러한 행동에 보상하자. 아이가 한 바람직한 행동에 대해 보상을 많이 한다면, 아이는 자신이 원하는 것을 충족하기 위해 문제 행동 대신 이러한 행동을 할 수 있다는 것을 배울 것이다. 〈표 8-2〉를 참고하면 아이가 문제 행동을 하는 이유에 따라 바람직한 행동에 대해 보상하는 방법을 이해하는 데 도움이 된다.

- 음식, 장난감, 활동 등 아이가 원하는 것을 얻기 위해 바람직하지 않은 행동을 하는 경우, 제스처, 단어 또는 문장과 같이 적절한 방식으로 요청할 때 원하는 것을 준다. 코치의 도움을 받아 아이에게 가장 적합한 전략을 결정할 수 있다.

〈표 8-2〉 아이의 문제 행동의 이유에 따라 결과를 변경하는 방법

문제 행동의 이유	바람직한 행동 보상하기	문제 행동 보상 중단하기
원하는 물건을 갖거나 활동에 참여하기 위해	적절한 방식으로 요청할 때 원하는 것을 주기	문제 행동을 한 경우 아이가 원하는 것을 갖지 못하도록 하기
주의를 끌기 위해	바람직한 행동을 했을 때 긍정적 관심 주기	문제 행동을 했을 때, 아이와 눈을 맞추고 아이에게 말을 건네기
과제나 활동에서 벗어나기 위해	문제 행동 없이 과제나 활동에 참여한 것 보상하기	과제나 활동 동안 아이에게 신체적 안내를 제공하기

- 처음에는 가능한 한 적절한 요청이 있을 때마다 많이 보상한다. 시간이 지나면 아이가 원하는 것을 얻기 위해 조금 더 오래 기다리도록 할 수 있다.
- 때로는 아이가 원하는 것이 선택 사항에 없을 수 있지만 괜찮다. 사진으로 어떤 활동이나 물건이 가능한지 혹은 가능하지 않은지 보여 줄 수 있다. 예를 들어, 아이가 비디오 보는 것을 원하지 않는 경우, 비디오 사진에 선을 긋고, 아이가 선호하는 다른 두 가지 활동의 사진을 보여 주며 "지금은 비디오를 볼 수 없어. 플레이도나 자동차로 놀 수 있어."라 말한다.

• 아이가 당신의 관심을 얻기 위해 행동한다면, 아이가 적절한 행동을 할 때 긍정적 관심을 많이 준다.

- 긍정적 관심으로 칭찬하기, 긍정적인 의견 말하기, 가볍게 신체 터치하기, 그리고 ImPACT 전략 중 **아동에게 집중하기** 등이 있다.
- 아이에게 얼마나 많은 관심을 줄지는 아이의 문제 행동이 일반적으로 특정 루틴에서 얼마나 자주 발생하는지에 따라 달라진다. 예를 들어, 아이가 저녁식사 내내 문제 행동을 보인다면 적어도 30초마다 한 번씩 긍정적인 주의를 기울여야 할 수도 있다. 그러나 아이가 수영처럼 좋아하는 활동을 할 때는 몇 분마다 주의를 주어야 할 수도 있다.

• 아이가 이 닦기나 장난감 정리하기처럼 좋아하지 않은 과제나 활동을 하지 않기 위해 문제 행동을 하는 경우, 과제나 활동에 적절하게 참여하면 보상한다. 예를 들어, 아이가 이를 닦는 동안 얌전히 있었다면 이 닦기가 끝난 후 좋아하는 비디오를 보게 해 줄 수 있다.

- 처음에는 너무 많은 것을 요구하지 않는다. 예를 들어, 양치질을 완전히 하지 않았더라도 양치질하면서 아이가 30초 동안 침착하게 있으면 보상할 수 있다. 시간이 지나면서, 아이에게 보상하기 전 아이가 행하는 일의 시간이나 양을 천천히 늘릴 수 있다.
- 어떤 보상을 사용할지는 활동에서 아이가 즐거워하는 정도와 화를 내는 정도에 따라 달라진다. 쉬운 과제나 활동의 경우, 칭찬이 보상으로 충분할 수 있다. 반면 매우 도전적인 과

제나 활동의 경우, 조금 더 아이에게 동기를 줄 수 있는 보상이 필요하다. 코치의 도움을 받아 가장 효과적인 보상 방법을 결정할 수 있다.

> ! 바람직한 행동에 대한 보상은 문제 행동에 대한 보상보다 더 동기를 갖게 해야 한다. 그렇지 않으면 아이가 문제 행동을 대신 사용한다.

- 아이가 좋아하지 않는 일을 더 쉽게 만들어 줌으로써 문제 행동을 예방할 수 있다. 아이가 좋아하지 않는 활동에 참여하는 동안 바람직한 행동을 할 때, 아이를 잠깐 쉬게 하거나, 요구 사항을 줄이거나, 도움을 준다.

> ? 아이의 바람직한 행동에 대해 어떤 보상을 줄 수 있을까?

◉ 문제 행동에 대해 보상 중단하기

아이의 문제 행동에 대한 보상을 중단하면 아이는 문제 행동이 아이의 요구 사항을 충족하는 데 더 이상 도움이 되지 않는다는 사실을 배울 것이다. 시간이 지남에 따라 아이가 문제 행동을 할 가능성은 줄어들 것이다. 앞의 〈표 8-2〉를 통해 알 수 있듯이, 아이가 문제 행동을 하는 이유에 따라 문제 행동에 대한 보상을 중단할 방법을 찾을 수 있다.

- 아이가 음식, 장난감 또는 활동과 같이 원하는 것을 얻거나 유지하기 위해 문제 행동을 하는 경우, 원하는 것을 아이가 갖지 못하게 한다.
  - 식품매장과 같은 공공장소에서는 어려울 수도 있다. 문제를 인식한다면, 아이에게 자신이 원하는 것을 적절한 방식으로 표현할 수 있도록 가르치는 반면 문제 행동을 예방하기 위해 노력을 한다. 예를 들어, 쇼핑을 하는 동안 아이가 좋아하는 장난감을 안고 있게 하거나 카트에서 간식을 먹게 한다.
  - 아이의 행동을 통제하는 동안 문제를 일으킬 수 있는 특정 물건을 치워야 할 수도 있다. 예를 들어, 아이가 태블릿을 가지고 놀고 싶어 태블릿을 볼 때마다 소리를 지르는 경우, 아이가 적절한 방법으로 요청하는 것을 배울 때까지 숨겨야 할 수 있다.
- 아이의 행동이 관심을 얻기 위해서라면, 아이가 문제 행동을 할 때는 아이와 시선을 맞추거나 말을 걸지 않는다.
  - 대부분의 많은 부모는 아이의 잘못된 행동을 고쳐 줘야 한다고 느끼기 때문에 어려울 수 있다. 그러나 부정적인 관심조차도 아이에게는 보상이 될 수 있음을 기억하자.
  - 아이가 높은 곳으로 기어오르거나, 자신이나 다른 사람을 다치게 하거나, 도망치거나, 물건을 부수는 등 안전하지 않거나 파괴적인 행동을 하는 경우에는 행동을 멈추도록 해야 한다. 눈을 마주치거나 대화하지 않고 상황에서 벗어날 수 있도록 신체적 안내를 제시한다.
- 아이가 이 닦기나 장난감 정리하기 등 자신이 좋아하지 않는 일이나 활동에서 벗어나기 위

해 문제 행동을 하는 경우, 상황을 벗어나거나 피하지 못하도록 한다.

– 과제나 활동을 하는 동안 신체적 안내 방법을 사용한다. 신체적 안내는 짧게 또는 간단하게 사용할 수 있다.

– 과제나 활동을 하는 동안 아이에게 주는 안내는 사실 그 대로여야 한다. 차분한 목소리로 짧고 명확하게 지시한 다. 너무 많이 관심을 두거나 격려하거나 심지어 활동 내내 아이를 꾸짖지 말자. 이러한 것들이 아이에게는 문제 행동에 대한 보상으로 작용할 수 있다.

> **!** 아이가 말썽을 피울 때 매우 속상할 수 있다. 속상한 감정이 들더라도 침착하게 아이의 행동을 있는 그대로 바라보자. 아이가 좋아하지 않는 활동을 시작하기 전에 당신이 충분히 쉬는 것도 도움이 될 수 있다.

> **?** 아이의 문제 행동에 대해 보상을 중단하는 방법은 무엇일까?

보상을 중단한다는 것이 간단하게 들리지만 항상 쉬운 것은 아니다. 아이의 문제 행동에 보상하는 것을 중단한 초기에는 아마도 이전보다 조금 더 나빠질 것이다. 문제 행동이 더 이상 유용하지 않다는 것을 아이가 아직 배우지 못했기 때문이다. 예를 들어, 이전에 아이가 소리를 지르면 항상 iPad를 사용하게 했지만 이제는 반응하지 않는다면 아이는 더 크게 소리 지르거나 발길질하는 행동을 할 수 있다. 이러한 현상은 아이가 결과가 변화되었다는 것을 배울 때까지 어느 정도 지속된다.

[그림 8-6]을 보면, Jordan의 엄마는 Jordan이 계속해서 화를 내는 것에 대한 결과를 바꾸었다(이 그림에는 Jordan 엄마가 이 장 마지막의 다섯 번째 양식인 결과 바꾸기를 위한 실천계획표의 일부를 어떻게 작성했는지가 나온다). 다시 살펴보면, Jordan이 짜증내는 이유가 원하지 않거나 어려운 일을 해야 하는 것에서 벗어나기

> **!** 아이의 문제 행동이 점차 나빠진다고 해서 양보해서는 안 된다. 아이는 자신이 요구를 충족하기 위해 더욱 심한 문제 행동을 해야 한다고 배울 수 있기 때문이다.

위한 것으로 보였다. 그래서 엄마는 Jordan이 선호하지 않은 활동에 짜증내지 않고 참여했을 때 칭찬을 하기 시작했다.

행동(들):	소리 지르기, 물건 떨어뜨리기, 물건 던지기	옷 입는 것 도와주기, 낮잠 시간 늦추기, 저녁식사 자리에서 벗어나기

바람직한 행동에 대해 보상하기
선호하지 않는 활동(옷 입기, 낮잠 자기, 식사 시간)을 하는 동안 짜증내지 않을 때 칭찬하기
짜증내지 않고 옷을 입으면, 10분 동안 기차 놀이를 하게 하기
저녁 시간 5분 동안 자리에 침착하게 앉아 있으면 소량의 간식 주기

문제 행동에 대한 보상 중단하기
만약 Jordan이 짜증을 낸다면, 바로 신체적 안내 방법을 사용하여 활동에서 벗어나도록 하기

[그림 8-6] 결과를 변화시키기 위해 Jordan의 엄마가 사용한 전략

Jordan은 옷 입기와 저녁식사 시간이 특히 어려웠기 때문에 엄마는 아이가 소리 지르거나 던지지 않고 옷을 입으면 좋아하는 기차 놀이를 10분 동안 하게 했고, 저녁식사 중에 5분 동안 침착하게 있으며 소량의 간식을 주었다. 그와 동시에 엄마는 아이가 짜증을 내면 신체적 안내로 아이가 바로 그 즉시 과제나 활동을 하도록 결정하였다. 예를 들어, Jordan이 옷을 입는 동안 짜증을 낸다면, 엄마는 그것을 무시하고 어쨌든 그에게 옷을 입힐 것이고, 그가 낮잠 시간에 짜증을 내더라도 그를 그의 방으로 데려갈 것이다.

대체 기술 가르치기

문제 행동을 예방하고 결과를 바꾸려 노력할 때에도 아이들은 여전히 문제 행동을 할 수 있다. 아이들은 자신의 요구를 좀 더 적절한 방법으로 소통하기 위해 무엇을 해야 할지 아직 알지 못할 수도 있다. 따라서 **아이의 문제 행동 다루기**의 마지막 단계는 대체 기술을 사용하도록 가르치는 것이다. 대체 기술이란 문제 행동과 동일한 목적을 가지며 문제 행동을 대신해서 사용할 수 있는 기술이다. 예를 들면 다음과 같다.

- 아이가 음식, 장난감을 얻거나 활동을 하기 위해 불안정한 상태를 보인다면 제스처, 단어, 문장을 사용하여 원하는 것을 얻도록 가르친다. 아이에게 가장 적합한 기술이 무엇일지 코치와 상의한다.
- 아이가 관심을 얻기 위해 부적절한 행동하는 경우, 팔을 톡톡 두드리거나 이름을 부르거나 "같이 놀아요."라고 말하는 등 주의를 끌 수 있는 적절한 방법을 아이에게 가르친다.
- 아이가 자신에게 어렵거나 좋아하지 않는 일이나 활동에서 벗어나기 위해 문제 행동을 하는 경우, 제스처, 단어, 문장을 사용하여 휴식이나 도움을 요청하는 방법을 가르친다.
- 아이가 문제 행동 그 자체가 즐거워 문제 행동을 하는 경우, 보다 적절한 방식으로 유사한 감각적 자극을 즐기도록 가르친다. 옷 대신 고무 튜브를 물거나, 책 대신 스크랩 종이를 찢는 것 등을 예로 들 수 있다.

🌑 대체 기술 선택하기
아이가 필요로 하는 것을 소통하기 위해 문제 행동 대신 사용할 수 있는 기술을 결정하자.

- 가르치려는 기술은 문제 행동보다 사용하기 쉽고 아이가 짜증이 난 상황에서도 사용하기 쉬 워야 한다.
- 이 기술은 가족 구성원, 교사 및 친구와 같이 당신과 아이를 아는 다른 사람들이 받아들일 수 있어야 한다.
- 이 새로운 기술은 존중되어야 한다. 즉, 아이가 이 기술을 사용하면 그에 대해 반응해 주어야 한다. 시간이 지나면서 아이가 더 적절한 기술을 사용하는 방법을 배우면 점점 더 적게 반응할 수 있다.

> **?** 문제 행동을 대체하기 위해 사용 할 수 있는 기술은 무엇일까?

〈표 8-3〉에는 아동이 문제 행동을 하는 원인에 따라 가르칠 수 있는 대체 기술의 예가 제시되 었다.

〈표 8-3〉 대체 기술의 예

문제 행동의 이유	대체 기술
물건이나 활동을 얻기 위해	• 물건을 가리킨다. • 물건이나 활동의 이름을 말한다. • "내가 원하는 건 _____."이라 말한다.
관심을 끌기 위해	• 부모님의 팔을 살짝 두드린다. • "엄마, 봐요." 또는 "같이 놀고 싶어요."라고 말한다.
과제나 활동에서 벗어나기 위해	• "다 했어요." 또는 "도와주세요."라고 신호를 보낸다. • '싫다'의 의미로 고개를 흔든다. • "아니요." "다 했어요." 또는 "나는 _____하고 싶지 않아 요."라 말한다.
감각 자극을 얻기 위해 (자기자극)	• 장난감을 가지고 논다. • 문제 행동에서 주는 감각 자극과 동일한 자극을 주는 재료를 이용 한다.

◉ 촉진과 보상을 사용하여 대체 기술 가르치기

프로젝트 ImPACT의 **새로운 기능 가르치기**에서 사용한 것처럼 아이에게 대체 기술을 가르치기 위해 촉진과 보상 전략을 사용할 수 있다. 촉진과 보상을 효과적으로 사용하는 방법에 대해서는 제5장에 자세히 나와 있다. 아이에게 대체 기술을 가르치기 위해 다음 내용을 살펴보자.

- 문제 행동이 일어나는 상황과 유사한 상황을 만든다. 새로운 기술을 보여 주고, 설명해 주

고, 아이가 문제 행동을 하기 전에 새로운 기술을 사용하도록 도와준다. 모두가 차분하고 서두르지 않을 때 가능한 한 자주 연습한다.

- 아이가 새로운 기술을 사용할 수 있도록 명확하게 촉진한다. 대체 기술을 가르치기 위해 도움을 가장 많이 주는 촉진부터 시작해야 할 수도 있다. 코치의 도움을 받아 사용하기 가장 좋은 촉진을 결정한다.

- 아이가 대체 기술을 사용하면 그 즉시 아이에게 보상한다. 보상은 문제 행동을 하는 이유와 일치해야 한다. 예를 들어, 아이가 주의를 끌기 위해 꼬집었다면, 꼬집는 행동 대신에 팔을 톡톡 두드렸을 때 보상으로 관심을 보인다. 신체적 안내로 대체 행동을 하도록 도움을 받았어도 말이다. 아이가 좋아하는 음료를 줄 때까지 소리를 지르고 있는 경우, 아이가 소리를 지르는 대신 주스를 가리킬 때 보상으로 아이에게 음료를 준다.

- 아이가 새로운 기술을 스스로 사용할 수 있게 되면 일상 루틴에서 문제 행동이 일어나기 전에 사용하도록 촉진한다. 예를 들어, 아이에게 좌절감을 줄 수 있는 활동을 시작하기 전에 "내 도움이 필요하면 '도와주세요.'라고 말해, 연습해 보자."라고 말한다.

> **!**
> 문제 행동은 힘든 일상이나 활동 중에 흔히 나타난다. 아이가 특정 과제나 활동에서 벗어나기 위해 문제 행동을 한다면, 아이에게 이러한 과제에 더욱 독립적으로 참여할 수 있는 기술을 가르칠 수 있다. 어려운 일상 루틴을 성공적으로 지내는 데 도움이 되는 새로운 대체 기술이 무엇인지 코치와 상의한다.

- 처음에는 아이가 대체 기술을 사용할 때마다 보상한다. 아이가 대체 기술을 일관되게 사용하게 된다면 보상의 횟수를 점점 줄여 간다. 아이가 대체 기술의 사용을 멈춘다면 이는 당신의 속도가 너무 빠른 것이다. 다시 돌아가 좀 더 자주 보상한다.

[그림 8-7]은 Jordan의 엄마가 아이에게 대체 기술을 사용하는 방법을 보여 준다(이 그림에는 Jordan 엄마가 이 장 마지막의 여섯 번째 양식인 **대체 기술 가르치기**를 위한 실천계획표의 일부를 어떻게 작성했는지 나온다). 다시 살펴보면, Jordan이 짜증을 내는 이유는 원하지 않는 일에서 벗어나거나 미루기 위해서였다. 그래서 Jordan 엄마는 촉진과 보상 전략을 사용하여 그가 싫어하는 활동을 잠시 중단하기 위해 "쉬고 싶어요."라는 단어를 말하도록 가르치기로 했다. 이는 Jordan이 휴식이 필요하다는 것을 전달하는 좀 더 적절한 방법이다. 선호하지 않는 활동을 시작하기 전에, 그녀는 그에게 휴식을 요청할 수 있음을 상기시켰다. 그가 좌절감을 느끼는 조짐을 보일 때, 엄마는 그에게 "필요한 거 있니?"라고 말하면서 휴식을 요청하도록 촉진한다. 그리고 필요한 경우 단어를 모델링한다. Jordan이 "쉬고 싶어요."라고 말하면 엄마는 그에게 활동에서 잠시 휴식을 취하게 함으로써 보상한다. 엄마는 그가 선호하지 않는 활동을 침착하게 참여하면 좋아하는 활동

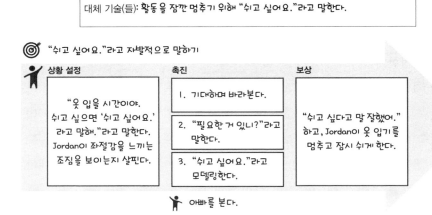

| 행동(들): | 소리 지르기, 물건 떨어뜨리기, 물건 던지기 | 요인(들): | 좋아하지 않는 것에서 벗어나기 또는 미루기 |

대체 기술(들): 활동을 잠깐 멈추기 위해 "쉬고 싶어요."라고 말한다.

🎯 "쉬고 싶어요."라고 자발적으로 말하기

상황 설정

"옷 입을 시간이야. 쉬고 싶으면 '쉬고 싶어요.' 라고 말해."라고 말한다. Jordan이 좌절감을 느끼는 조짐을 보이는지 살핀다.

촉진

1. 기대하며 바라본다.

2. "필요한 거 있니?"라고 말한다.

3. "쉬고 싶어요."라고 모델링한다.

보상

"쉬고 싶다고 말 잘했어." 하고, Jordan이 옷 입기를 멈추고 잠시 쉬게 한다.

아빠를 본다.

[그림 8-7] 선호하지 않는 활동을 멈추기 위해 "쉬고 싶어요."라고
말하도록 대체 기술 사용을 가르치는 방법의 예

이나 치료에서도 계속해서 보상할 예정이다. 그리고 만약 짜증을 낸다면 신체적으로 안내할 예정이다. Jordan의 옷 입기와 식탁에 앉아 있기 수행이 점차 좋아진다면, 휴식을 요청하는 시간이 줄어들 것이다.

문제 행동 기록표

아동: _____　　부모: _____　　날짜: _____

문제 행동(들):			
상황: 무슨 일이 있었나?	유발 요인: 방금 전 무슨 일이 있었는가?	행동: 어떤 행동을 했는가?	결과: 직후 어떤 일이 일어났는가?

실천계획표

아이의 문제 행동 이해하기

날짜:

계획하기

예상되는 어려운 점은 무엇인가요?

해결 방법:

행동 추적하기

이번 한 주 동안 아이의 행동이 가족의 일상을 얼마나 방해하였나요?

| 전혀 | 몇 번 | 적어도 하루에 한 번 | 하루에 한 번 이상 | 적어도 한 시간에 한 번 |

도움아보기

잘되었던 점은 무엇인가요?

어려웠던 점은 무엇인가요?

해결 방법:

진술 요약서

날짜:

유발 요인(들)	행동	결과(들)	이유(들)

실천계획표
문제 행동 예방하기

날짜:

계획하기

예상되는 어려운 점은 무엇인가요?

해결 방법:

유발 요인(들):

행동(들):

유발 요인 피하기

어려운 상황을 쉽게 만들기

행동 추적하기

이번 한 주 동안 아이의 행동이 가족의 일상을 얼마나 방해하였나요?

전혀	몇 번	적어도 하루에 한 번	하루에 한 번 이상	적어도 한 시간에 한 번

되돌아보기

해결 방법:

잘되었던 점은 무엇인가요?

어려웠던 점은 무엇인가요?

☐☐☐☐ 실천계획표
결과 변화시키기

날짜:

계획하기

행동(들):

바람직한 행동 보상하기

문제 행동 보상 중단하기

결과(들):

예상되는 어려운 점은 무엇인가요?

해결 방법:

행동 추적하기

이번 한 주 동안 아이의 행동이 가족의 일상을 얼마나 방해하였나요?

전혀 —— 몇 번 —— 적어도 하루에 한 번 —— 하루에 한 번 이상 —— 적어도 한 시간에 한 번

되돌아보기

잘되었던 점은 무엇인가요?

어려웠던 점은 무엇인가요?

해결 방법:

□□□■ 실천계획표

대체 기술 가르치기

날짜:

계획하기

행동(들):

이유(들):

대체 기술(들):

예상되는 어려운 점은 무엇인가요?

해결 방법:

상황 설정

촉진

보상

1.

2.

3.

되돌아보기

행동 추적하기

이번 한 주 동안 아이의 행동이 가족의 일상을 얼마나 방해하였나요?

전혀　　몇 번　　적어도 하루에 한 번　　하루에 한 번 이상　　적어도 한 시간에 한 번

잘되었던 점은 무엇인가요?

어려웠던 점은 무엇인가요?

해결 방법:

행동계획표

유발 요인(들)	행동(들)	결과(들)	이유(들)

문제 행동 예방하기

결과 변화시키기

대체 기술 가르치기

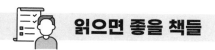 읽으면 좋을 책들

자폐중재에 관한 근거기반교수 참고 자료

National Autism Center. (2015). *Findings and conclusions: National Standards Project, Phase 2*. Randolph, MA: Author.

National Research Council (NRC). (2001). *Educating children with autism* (Committee on Educational Interventions for Children with Autism, C. Lord & J. P. McGee, Eds.). Washington, DC: National Academy Press.

Schreibman, L., Dawson, G., Stahmer, A., Landa, R., Rogers, S. J., McGee, G. G., … Halladay, A. (2015). Naturalistic developmental behavioral interventions: Empirically validated treatments for autism spectrum disorder. *Journal of Autism and Developmental Disorders, 45*, 2411–2428.

Wong, C., Odom, S. L., Hume, K., Cox, A. W., Fettig, A., Kucharczyk, S., … Schultz, T. R. (2014). *Evidence-based practices for children, youth, and young adults with autism spectrum disorder*. Chapel Hill: University of North Carolina, Frank Porter Graham Child Development Institute, Autism Evidence-Based Practice Review Group.

ImPACT 프로젝트 이해에 도움이 되는 추가 자료

Ingersoll, B., Berger, N., Wainer, A., & Walton, K. (2017). Efficacy of low intensity, therapist-implemented Project ImPACT for increasing social communication skills in young children with ASD. *Developmental Neurorehabilitation, 20*, 502–510.

Ingersoll, B., & Dvortcsak, A. (2006). Including parent training in the early childhood special education curriculum for children with autism spectrum disorders. *Journal of Positive Behavior Interventions, 8*, 79–87.

Ingersoll, B., & Wainer, A. L. (2013a). Initial efficacy of Project ImPACT: A parent-mediated social communication intervention for young children with ASD. *Journal of Autism and Developmental Disorders, 43*, 2943–2952.

Ingersoll, B., & Wainer, A. L. (2013b). Pilot study of a school-based parent training program for preschoolers with ASD. *Autism, 17*, 434−448.

Ingersoll, B., Wainer, A. L., Berger, N. I., Pickard, K. E., & Bonter, N. (2016). Comparison of a self-directed and therapist-assisted telehealth parent-mediated intervention for children with ASD: A pilot RCT. *Journal of Autism and Developmental Disorders, 46*, 2275−2284.

Ingersoll, B., Walton, K., Bonter, N., & Jelinek, S. (2012). A comparison of naturalistic behavioral and developmental, social-pragmatic interventions on language use and social engagement in children with autism. *Journal of Speech, Language, and Hearing Research, 55*, 1301−1313.

Pickard, K. E., Kilgore, A., & Ingersoll, B. (2016). Using community partnerships to better understand the barriers to using an evidence-based, parent-mediated intervention for ASD in a Medicaid system. *American Journal of Community Psychology, 57*, 391−403.

Pickard, K., Rowless, S., & Ingersoll, B. (2019). Understanding the impact of adaptations to a parentmediated intervention on parents' ratings of perceived barriers, program attributes, and intent to use. *Autism, 23*, 338−349.

Pickard, K. E., Wainer, A. L., Bailey, K., & Ingersoll, B. (2016). A mixed-method evaluation of a telehealth-based parent-mediated intervention for children with ASD. *Autism, 20*, 845−855.

Stadnick, N. A., Stahmer, A., & Brookman-Frazee, L. (2015). Preliminary effectiveness of Project ImPACT: A parent-mediated intervention for children with autism spectrum disorder delivered in a community program. *Journal of Autism and Developmental Disorders, 45*(7), 2092−2104.

Stahmer, A. C., Brookman-Frazee, L., Rieth, S. R., Stoner, J. T., Feder, J. D., Searcy, K., & Wang, T. (2017). Parent perceptions of an adapted evidence-based practice for toddlers with autism in a community setting. *Autism, 21*(2), 217−230.

Wainer, A., Dvortcsak, A., & Ingersoll, B. (2018). Designing for dissemination: The utility of the deployment-focused model of intervention development and testing for parent-mediated intervention. In M. Siller & L. Morgan (Eds.), *Handbook of family-centered practice for very young children with autism* (pp. 425−444). New York: Springer.

저자 소개

Brooke Ingersoll(PhD, BCBA-D)은 자폐 연구소의 책임자로 미시건 주립대학교의 심리학과 조교수이다. 그녀는 발달, 평가, 자폐 스펙트럼 장애 아이들과 그 가족을 위한 사회적 의사소통 중재 방법의 보급에 관한 저서를 발간했으며, 국내외 전문가를 위한 훈련 프로그램을 제공하고 있다. ImPACT(Improving Parents As Communication Teachers) 프로젝트 협력 개발자인 Anna Dvortcsak과 함께하고 있다.

Anna Dvortcsak(MS, CCC-SLP)은 오리건주 포틀랜드에 있는 사설 센터의 언어병리학자이다. 그녀는 컨설팅, 자폐 스펙트럼 장애와 사회적 의사소통장애가 있는 아이를 양육하는 가족들의 훈련 및 개별화된 언어치료 서비스를 제공하며 국내외 전문가를 훈련하고 있다. Dvortcsak은 자폐 스펙트럼 장애 아이들을 위한 중재의 효율성에 대한 연구들을 전문가 콘퍼런스, 논문, 저서에 소개하고 있다.

 **역자 소개**

최숲(Soop Choi)

단국대학교 대학원 특수교육학과 언어발달장애 교육 전공 석사

조선대학교 대학원 언어치료학과 언어병리학 박사

전 광주대학교 조교수

현 강남이화말언어연구소 연구원

한효정(Hyo-Jung Han)

단국대학교 대학원 특수교육학과 청각 · 언어장애아 교육 전공 석사

전 단국대학교, 동덕여자대학교 출강

현 극동대학교 출강

    다온 연구소 소장

자폐 및 발달지연 아동을 위한
사회적 의사소통 중재(원서 2판)
Teaching Social Communication to Children with Autism
and Other Developmental Delays, Second Edition:
The Project ImPACT Manual for Parents

2022년 8월 5일 1판 1쇄 인쇄
2022년 8월 10일 1판 1쇄 발행

지은이 • Brooke Ingersoll · Anna Dvortcsak
옮긴이 • 최숲 · 한효정
펴낸이 • 김진환
펴낸곳 • (주)**학지사**
　　　　04031 서울특별시 마포구 양화로 15길 20 마인드월드빌딩
대표전화 • 02)330-5114　　팩스 • 02)324-2345
등록번호 • 제313-2006-000265호

홈페이지 • http://www.hakjisa.co.kr
페이스북 • https://www.facebook.com/hakjisabook

ISBN 978-89-997-2728-3 93180

정가 16,000원

출판미디어기업 **학지사**

간호보건의학출판 **학지사메디컬** www.hakjisamd.co.kr
심리검사연구소 **인싸이트** www.inpsyt.co.kr
학술논문서비스 **뉴논문** www.newnonmun.com
교육연수원 **카운피아** www.counpia.com